傷ついた生命《いのち》を育む

虐待の連鎖を
防ぐ新たな社会的養護

金子龍太郎 著

誠信書房

はじめに

本書では、親から心身を傷つけられたり、放置されてきた子どもたちを取り上げます。なかでも、殺されかねないケースや生涯残る大きな心身の傷を被るようなひどい場合は、親から引き離し、里親や児童施設などの社会的養護の場に保護しなければなりません。そして、心身の傷や愛着障害・発達障害の修復をめざすのです。その際の考えは単純です。つまり、被虐待児を家庭環境のなかで育もうというものです。家庭環境の重要性については、国連の「児童の権利条約」にも明確に述べられていて、家庭環境を保障することが、子どもの権利擁護といっていいのです。

「児童の権利条約」の前文は次のように謳っています。

（前略）家族が、社会の基礎的な集団として、並びに家族のすべての構成員特に児童の成長及び福祉のための自然な環境として、社会においてその責任を十分に引き受けることができるよう必要な保護及び援助を与えられるべきであることを確信し、

児童が、その人格の完全なかつ調和のとれた発達のため、家庭環境の下で幸福、愛情及び理解

のある雰囲気のなかで成長すべきであることを認め（後略）。

（外務省ホームページより）

その際、家庭環境とは、実親や兄弟姉妹と築く家庭だけでなく、養親や里親などの非血縁関係の大人と暮らす場も含まれます。

子どもは、親から愛情深く見守られ、日々成長していくものですが、残念ながらすべての子どもがそうではありません。少数であっても、親によって命を奪われたり、心身を傷つけられ放置されて、成長を妨げられた子どもがいます。〇・一％の割合だとしても、日本全国で毎年百万人以上産まれてくる乳児のなかで、〇・一％は千人以上に相当します。母親や家族が愛情をもって子どもを育てるという世間の常識は、〇・一％の家庭には当てはまらないのです。

最近まで、私たちは常識にとらわれて、こうした家族の存在に目をつぶってきました。「まさか親がわが子を傷つけるはずがない」と思い込み、現実を見ようとしませんでした。今でもその状態は続いています。しかし、もはや隠し切れなくなり、さまざまな虐待の事実を認めざるを得なくなりました。しかも、鬼でもケダモノでもない普通の親が、常識や社会通念では考えられない異常な行為に走るのです。

人と人は、思いやり、助け合い、愛し合うだけではありません。血のつながった親子でも、愛を誓い合った夫婦であっても、傷つけ合い、憎しみ合い、互いの成長を阻むという負の側面を併せ持っています。これまでは「家族幻想」や「母性神話」に隠されて、私たちが見ようとしなかった、家族の闇の側面を直視せざるを得なくなったのです。こうした家族病理を見据えることが問題解決への第一歩となります。生物の根本機能である、子孫を産み育てるのが危うい現状を放置していては、私たち人類の将来はないからです。

私は児童施設職員になった二十年前から、親によって傷つけられた子どもたちを目の当たりにしてきました。当時の私にとって信じられない話ばかりでした。産まれてから一度も母親が抱こうとしなかった。まともな食事はなく、三度三度スナック菓子とジュースしか与えられず、全部の歯が虫歯で溶けてしまった。マンションの五階から投げ落とされたが、木の枝に引っかかって一命を取り留めた。三人いる子どものなかで、姑に似ているという理由で、その子一人だけ母親からひどい折檻を受けた……。そこには、私がそれまで抱いていた、親や家族に対する観念を根底から覆す現実がありました。

今日では、虐待やネグレクト（放置）が大きな社会問題としてマスコミにもたびたび取り上げられていますので、多くの人びとがその実態を知るようになりました。しかし報道は、ひどい身体的虐待やネグレクトに関するものが大半で、虐待がもたらす深刻な心の傷はまだまだ知られていません。心の傷のために、人が生涯苦しみ続け、人生が破壊されてきた事実が明らかになっていないのです。子ども時代に虐待を受けた人のなかには、その後自分を傷つけ、他人をも傷つける。なかには、犯罪によって他人の人生を破壊してしまう場合があるのです。私は、その一端を勇気ある被虐待の当事者からうかがうことができました。魂の語りをまずお読みください。そのうえで、どうすれば被害にあった子どもたちを救えるのかを探っていきたいと思います。

子ども虐待という忌まわしい行為は、古今東西、人類の存在するところで絶え間なく繰り返されてきました。時代によって、形態の変遷や数の増減はありましたが、決してなくなりませんでした。人間存在の闇の部分であり、家族・社会の病理が背景にある、とても大きな問題です。さらにわが国では、近年激増する虐待通報に、児童相談所も児童福祉施設も対応しきれず、心身ともに深く傷つき、苦しみ抜いている子どもたちには根本的な救いの手が差し伸べられていません。毎年、百人を越す子どもが親によって殺され、何万人もの子どもが生涯残る心身の傷を被っている現状はきわめて深刻です。平成十二年からは児童虐待防止法が施行され、より多くの子どもが保護されるようになりましたが、司法や行政の対応はまだまだ不十分です。そして、子どもたちの心の治療はほとんどなされないままです。

また、彼らは被害者ですが、同時に保育施設や学校では、他児や職員にも暴言や暴力をふるう加害者となる場合があり、集団の規律を乱す問題児として、関係者は対応に苦慮しているのです。校内暴力、いじめ、不登校、引きこもり、非行など、さまざまな問題行動の裏には被虐待の影が見え隠れしています。そして、思春期・青年期になると、家にも学校にも居場所を見出せず、街中にたむろし、享楽的な日々を過ごし、性を弄び弄ばれ、さまざまな暴走を繰り返しています。非行や犯罪を繰り返す青少年の多くには、虐待のトラウマが色濃く存在しているのです。

しかしながら、さらに目を向けないといけないのは、かつての被虐待児が配偶者、親、祖父母として、あるいは同僚や隣人として、今現在、私たちと同じ時を生きているという事実です。その人たちは、家庭内外の人間関係が歪み、安定した関係性をもてず、夫婦の不和や育児に悩み、職場の人間関係で苦しみ、地域社会からは孤立しているケースが多く認められます。時には犯罪者として、あるいはドメスティック・バイオレンスや虐待の加害者として、他者を傷つけ幸福を奪ってしまう人人として生きています。さらには、精神を病んで、生きる喜びを感じず、自己を否定し自殺を企てたりします。中年になっても老年期になっても、子ども時代に被った傷に生涯苦しみつつ、周囲の人びとを巻き込みながら、人生を終えてしまう人さえいるのです。こういう大人たちを救済しない限り、虐待は世代を超えて伝達され続けます。つまり、子ども虐待だけに目を向けるのではなく、すでに人を傷つけてしまったり、将来加害者となる可能性のある大人が、自分と他人に新たな害を加えないように、社会が支援の手を差し伸べなければならないのです。

それでは、こうした大人たちの傷をどのように治療すればいいのでしょうか。アメリカでは、虐待した親に対する更生プログラムが実行されていますが、日本では導入する際の法的基盤さえありません。虐待する親の更生は非常に困難で、長期間かかりますし、根本的な対処法を私は知りません。しかしながら私は、とりあえずの取り組みとして、虐待当事者による語りや手記からその事実を知り、実際に辛い体験をしてきた人が、どのようにして悲惨な過去を受け入れて、どのように生きて虐待の後遺症を克服できたのかを、その生き様で語ってもらうことが重要ではないかと考えています。現在、虐待の後遺症に苦しんでいる人びとに対して、「その苦しみを乗り越えられる可能性があるんですよ」

「幸せな人生を歩める希望を捨てないで生きましょう」というメッセージが当事者の語りや手記から伝えられ、具体的な人生モデルとして示せるのです。

心の修復と成長には長い年月がかかります。今日、虐待問題のなかで重要な課題が親子の再統合ですが、傷つけ合い、憎しみ合ってきた親子同士が心を開けるのは、五年や十年では困難な場合が多く、早急に再統合をめざすと失敗に終わります。児童の福祉を超えた、長年にわたる取り組みが求められます。

さて、この本では基本的人間観として、子どもが成長しつつある生命体であり、心と身体から成り立っているという認識に立ちます。心は存在するけれども目に見えず、身体の活動を通してはじめて確認されます。一方、身体は心の働きがなければ活動できません。このように、生命体は心と身体という二つの側面をもっていますが、心と身体は別々ではなく、もともと一つなのです。ですから、乳児と親との身体接触を通して、心の絆が形成されていきます。また、身体的虐待が子どもの心を深く傷つけ、心理的虐待が生理・身体面の不調を招くのです。要するに、生命体＝心＋身体という認識です。

もう一つの基本的な考えは、子どもが親との関わりを前提として生まれてくるというものです。子どもという生命体は、一人で生を維持できません。産まれたときには、独力でほとんど何もできない未熟な状態なので、世話をする親の存在が不可欠です。その後も、親によって生命を守られ、心身の成長がもたらされるのです。かつての孤児院で見られたホスピタリズム現象は、親との関わりを奪われた子どもの悲惨な姿を示しています。今日では、愛着障害の用語で語られていますが、そこには一貫して、親からの愛情ある養育を受けられなかった子どもの発達障害や精神病理があるのです。この観点に立って、子どもと親が一体となったシステム（系）を形作っていて、絶え間ない親子の営みのなかで子どもの生命が育まれていく、ととらえます。生命体は、一個の独立した存在であると同時に、他の生命体や環境と常に関わりをもつ存在でもあるのです。木にとっての土、魚にとっての水と同様に、子どもにとっての親はなくてはなりません。あまりに当たり前すぎて、私たちは忘れているのです。

さらに、子ども時代だけでなく、人は生涯にわたって他者との関わりのなかで生きています。愛し愛され、支え合う関係性もあれば、憎しみ合い傷つけ合う場合もあります。だからこそ、子ども時代に親から愛されることなく、傷つけられてばかりの人が、その後かけがえのない人との出会いによって、愛し愛されることを知り、人生を良いほうに変えていける。こうしたドラマを当事者の半生からうかがい知って、そこに希望と可能性を抱けるのです。人間は、過去によって宿命的に規定されるだけでなく、新たな人との関わりによって自ら人生を構築する存在でもあるのです。

次に、子どもが育つ場を考えるにあたって、生物的関係と心理・社会的関係を区別することを提案します（表1）。生物的関係とは、一組の男女が性交して子どもを産むという生物的営みの過程で生じ、そこには血縁関係が存在します。他方、心理・社会的関係は、出生後に子どもを育てるなかで形成されてくる後天的な関係性で、愛着（アタッチメント）という用語で知られています。これは血縁

表1　生物的関係と心理・社会的関係

	生物的関係（産む）	心理・社会的関係（育てる）
健全な親子	○	○
問題（虐待）親子	○	×か△
社会的養護（里親・施設）	－	○が条件

に関係なく、養育者と子どもとの日々の関わりを通して社会的関係が育っていくのです。普通は産みの親が育てますから、生物的関係と心理・社会的関係が相まって健全な親子関係が営まれます。しかし、少数ながらも、生物的関係はあるものの、心理・社会的な関わりが欠けているか歪んでいる親子がいます。さまざまな問題をはらむ虐待家庭がそうです。重度の場合、生物的親（産みの親）が心理・社会的に関われないのですから、代わりの大人が心理・社会的親（育ての親）として、子どもの養育に携わる必要性があります。これが社会的養護というわけです。

ところで、子どもにとって「家庭がある」というのは、自分を守り育ててくれる大人（実親とは限らない）と共に生活できる居場所を意味します。愛情を抱いて見守ってくれ、安心をもたらし、信頼できる大人と永続的関係を保てる場なのです。実親に大きな問題があるときは、機能的には「家庭がない」ことになり、その場合、血がつながっていなくても、いつも温かい目で見守ってくれる特定の養育者を保障した人為的な家庭を社会の側で用意する社会的養護が必要となります。そして、形態の違いや血縁の有無を超えて、すべての子どもに家庭を与えるのが究極の目的であり、すべての子どもの発達に不可欠な普遍的条件なのです。子どもにとって、自分が生まれ育ち、血のつながっている家族と共に暮らす家庭が望ましいのですが、その一方で、不幸にしてそれを失った子どもにも、家庭環境を保障しなくてはなりません。

人間の精神発達に重要な意味をもつ愛着は、心理・社会的関係そのものです。生物的関係とは何ら結びつきはないのです。いくら血のつながったわが子であっても、育てなければ愛着は形成されませんし、血縁関係がなくても日々生活を共にして、育てることによって深い心の絆ができあがっていきます。この関係性が基盤となり、身体の発達、そして知能、情緒、人格、社会性などの精神的発達が進行します。したがって、社会的養護が成果を上げるには、親に代わって子どもを育てる大人（養親・里親・施設職員）が、子どもと良好な心理・社会的関係を確立する、つまり安定した愛着関係の形成が不可欠です。

ここで私は、ひどい虐待やネグレクトを受けてきた子どもたちに対する社会的養護の目的を「幸福」と設定します。最終的な目的は子どもたちの幸福であり、親子を分離したうえでの子どもの保護や家族との再統合はあくまでも手段なのです。たしかに、虐待家庭への対応は、①家族の維持、②一時的分離後の再統合、③永続的な家族分離、の順で考えるべきであり、大多数の子どもは、生まれ育った家庭で幸せになるでしょう。しかし、わずかな割合であっても、実の家族と一緒にいると不幸のどん底に引きずり込まれる子どもがいるのです。私が児童施設で関わった幼子の一人は、親元に帰ってほどなく殺されました。また、校門で待ち伏せした父親に連れ戻され、犯され続けた少女もいました。

子どもを虐待・放置してきた親元へ子どもを返すには、親が決して虐待・放置を繰り返さないことが前提となります。そのための親への助言・指導などの更生プログラムや社会的支援は重要です。しかしながら、自らの不当な行為を認めず開き直る一部の親に対しては、助言・指導は困難を極めます。警察や司法が法律に基づいて虐待家族に介入せず、児童相談所にゆだねるだけのわが国の現状では、私は適切な方法を知りません。そんな親元に子どもを帰すと、再び危険にさらされてしまいます。身勝手に親権を主張するばかりで、養育の義務を果たさず、傷害や強姦などの犯罪を繰り返す親に子どもを戻すべきではありません。子どもの生命や権利を守るために、犯罪として処罰し、司法による親権の喪失や一時停止を行ない、親には更生プログラムの受講を義務づけるなどの厳格な対応が強く求められます。

その一方で、すべての子どもに対して、血縁家族の再統合をめざすのではなく、それによって子どもが幸せになるのかどうか、という視点で対応すべきです。この本で紹介する被虐待の当事者の半生からは、子ども時代だけでなく、成人になってからも、親によって傷つけられ続けた人が登場します。その人たちの半生から、人生の幸福を手にするためには、どうしても実親との関係を断たなければならなかった、その理由をわかっていただけることでしょう。その一方で、わが子を虐待してしまう親が、どんなに深い心の闇のなかで長年生きてきたか、その重さにも思いを巡らせないといけません。今は加害者の親が、かつては被害を被っていた子どもだったかもしれません。

さて、幸福と不幸はあくまでもその人の主観ですので、他人が心のなかに立ち入れないのはいうまでもありません。しかし、人が幸福になるための状況を社会の側で整えられるのではないでしょうか。

まず、安全を保障し、専門的かつ愛情をもって大切に接してくれる大人がいる社会的養護の場で生活を送る。そのなかで身体的、知的、社会的に健全な発達が進行していく。そして、十年、十五年と順調に育ち成人して親になったとき、わが子の育児を適切に行ない、喜びを抱いているならば、かなり高い割合でその人が幸福だと推測できるはずです。子どもがいない場合でも、自立した社会人として誰も傷つけずに生きているという事実が得られれば、同様です。各段階において、これらが誰の目にも明らかな客観的指標として、幸福の存在を類推させてくれるのです。私が本書の副題に世代間連鎖の防止をもってきたのには、そういう理由があります。子ども時代にひどい虐待や放置にさらされた人が長年生きてきて、今現在の生活を振り返ったときに幸福を感じられるよう、支え続ける社会でありたいものです。

ところで、本書を書くにあたって、私は一貫してわが身に置き換えて考えるようにしました。もし、私の子ども時代に親から虐待されていたら、どんな人間になっていただろうか、と。ずっと苦しみ続けてきて、自分や他人を傷つけ続ける半生を送っていたでしょう。そして、子ども虐待の加害者になっていたかもしれません。

また、乳児の娘を残して、私と妻が不慮の出来事で死んでしまう、という場面を頭に思い浮かべます。死ぬ間際に、遺言として「もし、祖父母や親戚が育てられないときには、子どもを○○に預けてください」と言い残せるような社会的養護の場が存在していなければ、親として死んでも死に切れないではありませんか。

家庭を失った子どもたちの社会的養護として、養子縁組や里子委託が最善なのは異論ありません。しかし、養子縁組や里子委託といえども、絶対的ではないのです。私は児童福祉施設職員だった関係で、問題のある養親や里親を知っています。どの夫婦に預けられるかわからない限り、安心できません。養親のなかには、自分たちの老後をみてもらおうとか、家の存続に必要だから、という自己中心的な理由で子どもを引き取る夫婦もいるのです。また、里親の下で幸せに暮らしていたとしても、十八歳を過ぎて措置が切れたら、その後誰が支えてくれるのでしょうか。古今東西を眺めても、養子や里子が必ずしも幸福な生涯を終えてはいないのです。子どものことを第一に考えてくれる養親や里親を確保するのは容易ではなく、今日養子縁組や里子委託の数は減少しており、数のうえで養親や里親が得られない子どもは増えるばかりです。加えて、親から虐待を受けていて、心身にさまざまな障害や問題を抱えた子どもの養育には困難を極めるので、善意だけでは成り立たなくなります。養親や里親の開拓や育成に一層の努力が求められますし、養親・里親を支える仕組みが必要です。

他方、社会的養護の場として、日本では九〇%以上の子どもが過ごしている乳児院や児童養護施設などの施設は、長期にわたる場合には、子どもが幸福な生涯を送るうえで、さまざまな問題点を抱えています。その問題を解決するために、グループ・ホームや地域小規模養護施設などの取り組みが行なわれていますが、少数にとどまっていて根本的改善には至っていません。

結論を言えば、親としてわが子を安心して委ねられる社会的養護の場が十分ではないのです。さらに、さまざまな心理・行動上の問題を抱えた被虐待児の場合、専門的に対処し、適切に養育できる場が果たして日本にあるのでしょうか。

養子縁組や里子委託を質量ともに充実させる手立てに加えて、子どもの生涯を託せて、専門性も兼ね備えた新たな社会的養護の場がどうしても必要です。私は児童施設を退職して十年以上、わが子を育てつつ、さまざまな観点からそのことを考え続けてきました。思考の結果到達した、理想とはいえないけれども、九十点以上の合格点をつけられる養育形態として、オーストリアで発祥した国際児童福祉組織ＳＯＳ子どもの村をここに提示します。

その際、新しい社会的養護といっても、わが子を実験材料に提供するつもりは毛頭ありません。これまでの日本にない形態を試験的に作って、子どもがどのように育っていくのか、やってみないとわからないようではだめなのです。すでに十分な実績を積んでいて、数多くのかつての被虐待児が幸福な人生を送っていると確認されている社会的養護でなければなりません。そうして初めて、「ここならば、安心してわが子を託せる」と、親として思えるのです。

本書でご紹介するのはそのような実践です。

著　者

目次

第5章　傷ついた生命が育つために　130

第1章　傷ついた生命・傷つける生命

1　傷ついた三つの生命

最初に、三人の被虐待児・施設生活体験者の手記を紹介します。いずれも仮名ですが、三十代女性のドラゴンさんと四十代男性のエドワードさんは手記を以前ホームページ（「頑張れ！　養護施設出身者」）に公開していて、二人の承諾を得て、ここに載せました。また、四十代男性の速水さんについては、執筆中の自叙伝の原稿を転載する許可をもらいました（なお、本人たちの文体は読者の読みやすさのために、である調で統一した部分があります）。

A　ドラゴンさん

まずドラゴンさんは、望まれない出生で、母親は当初から彼女に対して身体的虐待やネグレクトを加えてきたのです。彼女の出生が原因で家庭崩壊し、夫婦離婚の後に、母親は幼児期の彼女を児童養護施設に預けました。その施設では、職員の体罰は日常茶飯事で、大きな子どもたちからは身体的虐待や性的虐待（ただし、記憶が戻らず、その実態は不明）を加えられ、とても辛い子ども時代を送りました。いったんは、母親が引き取りますが、まともに育児することなく、ドラゴンさんを連れて放浪したり、母子寮に入所した後、再び彼女を施設に預け、そこで彼女は高校を卒業するまで過ごしたのです。そのなかにあって、彼女の心は徐々に崩壊し、さまざまな精神病理に悩まされ、非社会的な問題行動に苦しみ続けました。ドラゴンさんは、身体的虐待、心理的虐待、性的虐待、そしてネグレクトを被った人なのです。それでも努力した彼女は、高校卒業後に大企業に勤めましたが、彼女の幸せを望まない母親からの嫌がらせにより、退職を余儀なくされたのです。その後、縁あって恋人ができ、多くの困難を抱えながら結婚にこぎつけましたが、子ども時代の虐待の後遺症により、夫婦生活に支障をきたし、現在別居中です。

▼母が語る赤ん坊のときの出来事

「お前、なんで生きてるんだろうなあ……」

心底、不思議そうに呟いた。

「どうして」

心が冷たく冷えてくるのを覚えながら、質問した。

「お前は、赤ん坊のとき、窓から放り投げたんだけどね」

彼女は、楽しそうに笑う。

「でも、生きてたんだ。ゾッとしたよ」

「……?」

「お前が生まれたから、不幸になったんだからね」

それ以上は聞けなかった。私には兄弟がいるはずだが、彼らの消息も、なかなか聞く気にならなかった。そうなのだ。私は憎まれていたのだ。甘い夢は、そのときに消えた。

▼再会した姉との会話

「あんたが、ここまで大きくなるなんてねぇ」しばらくして、姉がドラゴンに言った。それに対し、もう何を言われても驚かない様な気がしていたドラゴンは、彼女の次の言葉を待った。

「あんたは、母親から窓の外に投げられたんだよ。死んだかと思ったわ」

姉は、回想するように、当時のことを語り始めた。

父と母は、ドラゴンが生まれてから生活が苦しくなり、急にケンカをするようになったという。ある日、父と母がいつものようにケンカを始めたが、投げるものが尽きて、そばに寝かされていた赤ん坊を、父に対して投げつけた。父は、すんでのところで避け、赤ん坊は窓の外に落ちてしまった。その赤ん坊がドラゴンだったらしい。覚えていないので何とも言えないが、生命力だけは強かった。

まるで、勇者の逸話のような話を聞かされて、ドラゴンは呆れた気持ちをもった。母が赤ん坊を愛していなかったことはこれでハッキリしたのだ。そして、次に姉は言った。

「ドラゴンは、ミルクを飲まずに、砂糖水だけで生きたんだよ」

その言葉に、ドラゴンは思い出したことがあった。小さな小さなドラゴンは、何かを必死に吸っていた。顔を真っ赤にして、ひたすら何かを吸っていた。長方形の布の角に染み込んだ、とってもおいしい水を。その水は飲みすぎると、気持ち悪くなって、しばしば吐き気をもよおしたけれど、生きるためには、それしか無かった。

母は赤ん坊の世話をせず、姉がおんぶをしていたという。砂糖水を飲んでは吐き、飲んでは吐き、あまりにそれが続くので、もうおんぶはやめてしまった、と告白した。実は、ドラゴンは今、砂糖が好きではない。砂糖を使うと気持ち悪くなってしまう。特に、白砂糖は見るのもつらい。幼少時の経験が影響しているのかも知れない。

▼幼児期・最初の施設

この記憶は、恐らく五歳前の記憶だろうと思うが、定かではない。いずれにしろ、その施設には、体罰が普通の状態で横行していた。私も含め、たくさんの子どもがぶたれていた。庭で廊下で、そして、建物の隅で……。

「ちびドラゴン、先生が遊んであげるよ！」男の先生が、わたしの目の高さに腰をかがめて言ってくれた。きっと、だれも遊び相手がいなくてつまらなそうにしているのを見て、声を掛けてくれたに違いない！

「うん！」わたしはうれしくなって、すぐに答えたけれど、その瞬間、しまったと思った。目をつぶったけど遅かった。わたしは先生に叩かれて、土の上に転がってしまった。

「はい！　と言いなさい」先生が怖い顔で言った。


いま、わたしの左指は、小指と薬指がまともに動かない。上下にちょっと動くだけです。だから、キーボードだけは打てる。他の事をしようとしても、ビクとも動かない。わたしの指のお話は、最初違う体験のときのものだと思っていた。でも、違った。ずっと、昔に帰っていくと、思い出が、ほんの少しだけ戻ってきた。でもごめんね。本当に一瞬を切り取っているだけの風景なんです。だから、後で思い出したら、もっと書きます。

わたしが、どうして不器用なのか、先生は知っていたと思う。家で、野放しになっていた左きき（？）を、どうすればいいのか。だけど、もう五、六歳にもなっているので、なかなか直らない。何をやるにも、グズで、先生をイライラさせていたと思う。そして、ある日わたしは、先生から左手が使えないようにしてもらった。気がついたら、先生が立っている。

実は……、情けないけど、男の人か女の人か、そこがどこなのか、はっきり覚えていない。ただ、「お前のためなんだ」って言っていたような気がする。そしてそのまま、指を折った（あるいは、何か他の方法で、使えなくしたと思う）。どちらにしても、左手の小指と薬指を使えなくなって、そのときからわたしは、右手を使うようになった。もっとも、左の手がずっと痛くて、腫れて（?）いたと思うけど、動物の本能でゆっくりと直していった。左手をかばっていたことは、覚えているけど、痛かったのか、どうなのかよく覚えていない。

▼小学生時代（施設入退所を繰り返しながら、母と放浪生活）

ガムテープで目張りをした部屋に、ずっと座っていたドラゴン。おしっこもうんちも、乾くまでそのままだった。ドラゴンは、汚い子どもだったので、そのうち自分からは近寄らなくなった。だって、ドラゴンが近寄ったら、お母さんが汚れちゃうもん。ドラゴンは、母親に見捨てられるのが怖くて、施設に戻るのが怖くて（施設に戻ったら、また性虐待されるから）うんちもおしっこも我慢した。でもどうしても、汚くなってしまって。そんな自分がドラゴンは大嫌いだった。

ある日、ドラゴンの元に、学校の担任の先生が来た。ドラゴンは、その日も押入れに閉じ込められていた。先生が帰った後には、新しい教科書が残されていて、ドラゴンは嬉しくなって、それを手にした。すると、母親がそれを破り捨てた。ドラゴンにも手伝わせて、教科書は全部読めなくなってしまった。

「お前は馬鹿だから、勉強なんかしてもしょうがない」。母親の言葉に、ドラゴンは、自分が馬鹿だということを知った。

▼居場所のない子ども時代

小学校時代を、すべていじめられて過ごした私は、ますます本を読んだ。本を通して、強い心を得たいと思った。この孤独感について、何か教えてもらえないかと、ひたすら読み続けた。宗教も哲学もなく、ただ力が物をいう世界で、本に助けを求める自分は、おろかなのかもしれないが、読んでいる間だけは心が穏やかだった。

しかし、本を読んでも出ない答えがあった!! 何故、私がクラスでいじめられるか、原因が分かったのは後のことだった。それは給食代を払う際のこと。たしか施設の子は、給食代を持って行かなくても良かった。何か他の方法でまかなわれているので（違ってるかも）、集金を免除されていたのだ。私は、クラスの子たちの突き刺すような視線を全身に感じて、初めて、嫌われる原因の一つがこれなのを知った。残りの理由は、勉強が出来ないこと! 数の概念が育たないまま、かけ算を習い、すぐに高度で難解な算数を習っても、さまざまな法則にカンが働かない私は、クラスの鼻つまみ者だった。昔の施設で、罰として百まで数えさせられたことなど意味を成さない。私はすべてに於いて、自信が無い子どもだった。意見を出す勇気も育たず、社交性は皆無に等しい。

この頃の私は、学校と学園の集団生活に、ほとほと嫌気がさしていた。私は「乞食《こじき》」というレッテルを、クラスの子から貼られた。今思えば、そのような偏見を持っているのは、彼らの親ではなかったか？ 私のことを親に伝えた結果、親は報告した子どもの前で、私に対する嫌悪感をあらわにしたのではなかったか。子どもたちが私を嫌うには、そうするだけの予備知識が無くては、説明がつかない。

物を乞う行為に対しては、特に嫌悪感など無い私だったが、意味もなく嫌われることに対しては、ひたすら我慢し続けるしかなかった。私は、小学校高学年の頃には、学園の団体生活と学校の集団イジメの狭間で、冷淡な怒りを、少しずつ蓄積していった。もう、本だけでは、この苛立ちを押さえることが出来なかった。

それにしても、学園は児童がイジメにあっていても、自己申告がなければ、誰も何も気づかない所だった。職員は、学園の児童が被害者になることよりも、加害者になることを恐れているように見えた。いじめられるなか、「学園の子」という存在が、いったい世間で、どのような立場なのか理解できなかった。

▼高校卒業後に就職が決まって

「お母さん、お元気ですか。ドラゴンです。仕事もようやく軌道に乗り、今は毎日が楽しくて、仕方がありません。今までのなかで一番幸せな気がします」。母には、つらい思いばかりさせていたので、少しでも喜んでくれるならと思い、書いた手紙を投函した。

それから一か月も経たないうちに、事態は急変した。会社で仕事をしているとき、上司が私を呼びだした。

「ドラゴンさんのお母さんが、急病だということなので、いったん寮に戻って連絡を待った方がいい」。その言葉を聞いて、私はすぐに帰った。寮に帰ると、寮母さんが不安そうな顔で迎えてくれた。

「大丈夫だと良いわね」。彼女は、私に力づけるようにささやいてくれた。私は、震えながら連絡を待った。

意外なことに、連絡は、母親本人からだった。施設を出てからまだ一度も会っていない母の声に、私は安堵のため息をもらした。電話の向こうの母は、涙声で、私に、会いに来るよう頼んできた。私に、断る理由はなかった。母親が病気と聞いて、知らないフリはとても出来なかった。

久しぶりに会う母は、ずいぶんと年老いて見えた。実際に年を取り、気も弱くなっているのだろう。そして、その頃の彼女は、精神科のお世話になり、何度も、入退院を繰り返している状況だった。彼女の心を狂わせたものが何かは、私には分かっていなかった。学園を出る際の、母に対する知識は皆無だったので、あまりに私は無防備だったのだ。母は私を見ると、変な笑いをもらした。

「何よ」。私が、不安そうに彼女を見ると、彼女はとうとう打ち明けた。

「お前の会社の社長に、辞表を出してあげたよ」

「え?」と私。

「お前は私と同じ不幸な星の下で、生まれた子なんだよ」。そう言って笑う彼女の側には、私が出した手紙が散らかっていた。

「手紙読んだよね」

「読んだよ。私がこんなに不幸なのに、幸せとは……許せない」

ああ、彼女は私に対する憎悪が深いんだ。絶望感が押し寄せる。

「じゃ、私は、会社を辞めたことになるんだね」。私は、彼女が仮病を使って呼び出した事実を知り、動転しながら訊ねた。

「ああ、お前は、行くところなんかないよ」

母は、確かに、私が幼い頃から言っていた。

「お前なんか生むんじゃなかった。お前を生んで不幸になった」と。でも、だからこそ、お母さんに楽させたくて働こうとしたのに！

たった一つの言葉、「幸せです」と書いたために、彼女の怒りを買った私は、その時点で、職を失ってしまった。まだ、就職後三か月ほどのことだった。

B　エドワードさん

次に紹介するのは、二歳のときに両親の離婚により施設に預けられて中学三年まで過ごした男性です。彼は、実親との愛着が十分形成されることなく施設入所し、そこでも次々と代わる多くの職員に育てられ、誰とも深い人間関係を築くことなく成長していきました。さらに施設では、年長の子どもからのいじめに加えて、小学五年生のときには施設職員からの性的虐待を受けたのです。そのため、高校一年くらいからさまざまな精神病理に苦しめられ、生活が荒れて非行を行なうようになりましたが、成績の良い彼は大学に進学し、定職について、今では妻と二人の子どもと家庭を築き、多くの社会的活動にも携わってきました。しかしながら、その間、後遺症にずっと苦しめられてきたのです。本人のインタビュー内容も交えて示します（金子、二〇〇二[5]）。

▼施設入所の記憶

ボクの人生における最初の記憶は、大切な人たちと別れ、車に乗せられるところから始まった。二歳の時、四人兄弟の一番下であったボクだけが兄弟から離され、泣き叫ぶボクは車に乗せられた。長い間、車に揺られ、泣き疲れ、いつしか寝てしまった。目が覚めると、ソファーの上だった。部屋の机の中央にパンがたくさんつんであり、食べるように言われたが、食べたかどうかは、記憶にない。再び目が覚めると、真っ白なシーツの敷いてあるベッドの上だった。

親たちが離婚し、母親に引き取られたボクたち兄弟は、母親が病気で入院したため、それぞれ別れて施設に入所することになった。長姉は女の子ばかりの養護施設に、兄二人は男の子ばかりの養護施設に行き、ボクだけが一人、隣の県のホームに行くことになった。ボクが親を思いだし、泣いたかどうかは覚えていない。たぶん、泣いたのだろう。しかし、そのうち、親や兄弟のことは忘れてしまったようだ。

▼施設でのいじめ

あるとき、昼休みに、上級生に呼び出された。「エドワード、おまえ、生意気なんだよ。いつもいい子しやがって」と五年生に言われた。「いい子なんてしていません。規律を守っているだけです」と口答えすると、「それが生意気なんだよ」と、いきなり腹を殴られた。苦しさに身をかがめると、あごにひざ蹴りをくらった。お腹を抱え、地面に倒れたところを、何人かに蹴飛ばされた。「何するんだよ」と、苦しい息の下から叫ぶと、「おぼえとけ、これからもナマやってると、ヤキ入れるからな」と、トドメの蹴りを入れ、上級生たちは立ち去った。

ボクは痛さと突然殴られたショックで、しばらく立てなかった。そして、しばらくしてから、涙が出てきた。「ボクが何したんだよ」と何度も繰り返しながら、泣き続けた。

泣きながら教室に戻ると、先生にわけを聞かれた。正直に話すと、先生は、上級生たちを集め、一人ひとりに事情を聞いた。「オレたち、しらねーよ。エドワードが勝手に転んだんじゃないの。テメー、勝手にころんどいて、人のせいにするんじゃねー」と、逆に怒りだした。ボクが泣きながら、殴った子たちの名前を挙げると、みんな知らないと否定した。

挙げ句の果てに、「先生は、エドワード一人と、オレたちとどっちを信じるんだよ。ひいきすんなよなー」と言いだし、「ひいきだ、ひいきだ」と叫びだした。困った先生は、「わかった、わかった。とにかく仲良くしろ」と言って、おしまいにしてしまった。そして、次の自由時間に、二、三人の上級生に「ちょっと来い」と腕を捕まれ、物陰に連れ込まれた。「よくもチクったたな。今度チクッたら、ぶっ殺すからな」と脅され、また、お腹を殴られた。顔はあざになるとまずいので、絶対に殴らなかった。殴られながら、ボクはどうしようもなくて、ただ、ただ、泣くばかりだった。「神様、助けてー」と心のなかで叫んだが、誰も助けてはくれなかった。

▼体　罰

ボク自身は、体罰を受けたことはほとんどなかったが、誰かが悪いことをしたときは、みんな集められ、その前で叱られ、反抗的な態度を取った場合は殴られたり、蹴られたりした。そして、体罰という名の暴力は、受けた子だけでなく、それを見ているボクたちの脳裏にも深く刻み込まれ、まぶたに焼き付き、ボクたちの心を凍りつかせていった。ボクは、先生に殴られる友だちを見ながら、それが映画のシーンのように、どこかよその出来事に思え、泣き叫ぶ声も、耳を素通りしていった。友だちの不正を見つけても、凄まじい体罰が待っていると思うと、それを先生に言うことが出来なくなった。

▼中学生の反抗

ボクは、みんなの前でバラされた恥ずかしさと悔しさで、先生をにらみつけた。

「なんだその目は。反省していない。歯を食いしばれ」と先生が言った。歯を食いしばらないと、歯が折れたり、口の中を歯で切るので、ボクは歯を食いしばった。そして、頬に平手が飛んできた。目の前が真っ暗になり、火花が飛んだ。チビのボクはふっ飛んだ。ボクは、倒れながら「目から火花が出るというのは本当なんだ」と思った。

「立てっ、まだ終わっていない」。ボクは、よろよろと立ちあがった。今度は反対の頬に平手が飛んできた。ボクは立ちあがった。ボクの心の中は屈辱感と悔しさでいっぱいだった。ボクは、一度も先生に謝らなかった。立ったまま、絶対に視線を逸らさずに、先生をにらみつけた。

「なんだ、その反抗的な目は」また、平手が飛んできた。不思議と痛くなかった。涙も出てこなかった。

ボクは叩かれても叩かれても、先生をにらみつづけた。「絶対に、先生には負けたくない」という気持ちだけで、にらみつづけた。「反省していない」と平手が飛んできた。何発叩かれたのかわからない。気がついたら、床に横になって、腫れた顔に、濡れ手ぬぐいがかかっていた。ボクは、二度と先生を信じるものかと思いながら、今頃になって涙が溢れだし、止まらなかった。久しぶりの涙だった。

C　速水さん

速水滉一さんは、四歳のときに両親が離婚し、母親に引き取られるも、再婚相手の義父に疎まれて、ひどい身体的虐待を長期間受け続けました。義父からの暴力によって殺されかけたことにより、十一歳で施設に保護されましたが、そこでもひどい暴力が待っていました。高校に進学したものの、一年で中退し、その後は非行や覚醒剤へと堕ちていきました。暴力団にも入って、青年期のほとんどは鑑別所、少年院、刑務所で過ごしたのでした。二十代半ばになって更生へと向かいはじめ、暴力団から足を洗い、覚醒剤もやめました。そして、三十代になって出会った女性、美月さんによって、愛し愛されることを知り、急速に心の修復が進行したのです。憎み続けていた母親とも和解した今は、二歳の子どもと妻との家庭を築いています。

▼幼少期の記憶

私は父の顔を知らない。確か、四歳までは一緒にいたのだが……。父と母が離婚したのがこの時期だった。

それは、わずかにだが記憶にあった。二、三歳だろうか。私を囲んで顔のない父と、顔のない女性と、顔のない女の子が私をいじめている光景は思い出せた。でも、いくらそのほかの記憶を探り寄せようとしても、何も思い出せないのだ。今になってもわからない。

▼両親との関わり

「俺は四歳の時、両親に捨てられた。両親は自分たちの欲望を満たすために、子どもの俺を祖父母の下に預けた。そして祖父母が死に、母親に引き取られたのが小学校一年の時。小学校一年といったら、もう自分の置かれている環境くらいはわかる。俺も母親が新しい男を作ったことに気づいた。どうしても、新しい父親をお父さんと呼べなくて、母親が仕事に出かけてしまうと、よく殴られたよ」

私は小学校時代に母親と喋った記憶が余りない。母親は夜、仕事をしていたので、学校に行く時は寝ていたし、学校から帰ってくると化粧をしていた。たぶん、この頃の私は母親の寝顔と化粧をしてる顔しか見てないんじゃないか。

▼義父の虐待

「それはそれは、口に出して説明するのが難しいくらいの虐待を受けたよ。木刀を正座した足の間に挟まれて、引き戸の溝の上に何時間も座らされた。木刀で身体中を殴られたり、回っている洗濯機の中に顔を突っ込まれたり、便器に顔を浸けられ、水を流されたり。カミソリで胸を切られたこともあった。そんな虐待がその日からずっと続いた。それでも俺は、母親だけには気づかれまいと我慢して、あいつに虐待されてることも言わず学校へ行き続けた。そして、母親のいる間に帰って来たくて、学校が終わると真直ぐ走って帰った。そして、母親の側で化粧する顔を見てた」

化粧道具を隠したこともあった。母親なら子どもの異変に気がつくだろうと思っていたのかも知れない。

「あの日の出来事は今でもはっきり覚えている。いつものように警察に補導されて、家に連れ戻されたあの日、あの男は俺の頭や背中を散々殴った後、飲みに出かけた」

寒い寒い、土砂降りの雨の夜だった。

「あいつは夜中の十二時頃に帰って来ると、俺を起こし、自分の着ている服を片づけるよう命じた。ハンガーにズボンをかけようとした時、いきなり殴られた。今まで顔を殴らなかったあの男が、初めて顔を殴った。俺は鼻から血を流しながら、服をハンガーにかけようとした。その木製のハンガーが折れるまで俺の頭を叩いた。頭が切れて、血が顔を流れていくのがわかった時、初めて怖くなって泣いた。あいつはその泣き声に腹を立て、狂ったように俺の頭を木刀で叩いた」

「あの男に木刀で叩かれる度に、暖かい血が頭から噴き出してきた。それと同時に意識も薄れてきて、（あ、殺されるんだな）って思ったよ、叩かれながらね。どこをどう逃げ回ったのかわからないけど、途中で柱に木刀が当たって折れた。（あ、もうこれですむかな）とホッとしたら、あいつは台所から包丁を持って来た。もう限界だったよ。（助けてっ！）て信じられないほど大きな声で叫んだ。でも、あいつは構わず俺を斬りつけた。それを左腕でかばって肉がえぐれたところで警察官が入って来て、あいつが捕まった。隣の人が俺の叫び声を聞いて、警察に連絡してくれたんだ」

本当に間一髪だった。もう少し警察が遅かったら、俺は死んでいただろう。どんな思い出よりもその出来事だけは鮮明に覚えている。忘れようとしても忘れられない。

「俺はその後、もうろうとしながらトイレに行ったら、尿が真っ赤だったんで、びっくりして気を失った。病院に運ばれて意識を取り戻したのが、それから一日半経ってから。全治二か月の重症だって看護婦さんから言われて、地獄の家に帰らなくてもいいと分かって嬉しくなったのを覚えている」

「母親が病院に駆けつけた時、俺はもう生きてないと思ったらしい。それほど、部屋中血の海だったって」

その時死んでしまった方が良かった、と今まで何度も思った。

「俺は母親に頼んだ。（あの男と別れて！）と。でも、母親の答えは（一度だけ許してあげて）

だった。最後の糸がプッンと切れてしまったよ。俺は母親が帰った後、病院のカーテンに火を点けた。結局は看護婦さんに見つかってしまったけど、心だけは完全にその時死んでしまった。この時から、子どもの楽しみも喜びも、すべての感情を失ってしまったよ。十一歳だった俺がその時できたのは、自分の命を絶つか、家出を繰り返すかぐらいだった」

▼施設での生活

俺は児童相談所に保護され、そこから施設へ送られた。

「そこでの生活も凄かったなー。欲求不満の子どもばっか集まってくるんだから、当然といえば当然なんだろうけど。性的ないじめから精神的ないじめまで、本当、いじめのオンパレードだった。みんな愛情に飢えているはずなのに、傷を舐め合うなんてせず、一人一人が野獣のようだったよ」

「まあ、殴る蹴るは当たり前だったね。施設では、下は赤ちゃんから上は高校生まで生活しているんだ。十一歳だった俺が中・高の上級生に勝てるわけもなく、年上の奴らが卒園するまで本当に辛かったね。

テレビドラマや映画のような世界では決してないんだよ。だから、あんなうわべだけの愛情物語にされると頭にくる。ホモみたいな行為を無理矢理させられたり、二段ベッドの上から膝を落としてきたり。毛布に包まれて押し入れの上段から蹴落とされたり、本当にサバイバルだったよ。強くならなければ痛い目に遭うんだ、いじめられるんだと思ってからは、逆に向かっていったし、いじめもした」

あの頃の私たちは、本当に子どもだったんだろうか。殴られすぎて顔面神経痛になった男の子。内に籠もって言語障害になった女の子。あの子どもたちは今、幸せな生活を送っているのだろうか。

2　自分と他人を傷つける

三人のうち、ドラゴンさんは、攻撃が他人に向かうよりも自分を傷つける人で、自分の存在を否定し続け、抑うつ状態にずっと悩み、自分を抹殺しようとする衝動に今でも脅かされています。

エドワードさんは、高校時代から荒れだし、万引きが止まらなくなりました。また、子ども時代の性的虐待の後遺症で、同性愛者の男性に近づいてしまうことが続きます。さまざまな精神病理に苦しみつつ、大学を卒業し定職につき、その後、結婚し子どもを授かりましたが、虐待の後遺症により、子どもを殴りたくなる衝動にかられて、世代間連鎖を起こしそうになりました。が、何とか踏みとどまったのです。

速水さんは、高校一年生で中退し、非行の道に入りました。その後彼は、鑑別所七回、少年院三回、刑務所二回と、思春期・青年期の大部分を拘留されて過ごすという、典型的な犯罪者となってしまいました。さまざまな形で人を傷つけ、母親に復讐を試み、そして薬物乱用によって自分を痛め続け、死の直前まで堕ちてしまったのです。

彼の背中一面には、入れ墨が彫り込まれています。自ら犯した数々の罪とともに、生涯背負って生きていかねばなりません。

A　ドラゴンさんの涙

▼小学校時代のこと

実はドラゴンには、四つ年下の子分がいた。二人は、大人になった今では、大切な友人同士だが、悲しいことに、友情の始まりは、ほほえましいエピソードとはとても言えないものだった。ドラゴンが彼女の親分になったのは、小学校高学年のころ。そのころのドラゴンは、無口でケンカっ早かった（ドラゴンは女の子）。彼女は最初、そんなケンカ相手の一人だった。つまらないことで言い合いをして、すぐに、髪の引っ張り合いが始まった。二人とも、学園の屋上。未だに終わらない、水掛け論。だが、先に根性負けしたのは、短気のドラゴンの方だった。翼をうち振るい、大気を味方に、大いなる炎をため込んだ。そして、拳に力を込め、ぶん殴ってしまったのだ。

小さな女の子は、ドラゴンの足元で、呪詛《じゅそ》とともに大声を上げて泣き出した。我にかえったドラゴンは、自分の拳をまざまざと見つめ、困惑した。知らない間に、グーで殴っていたのだ。小さな女の子の、呪いの言葉は、嗚咽とともに高鳴ってゆく。

「ご、ごめん」よく見ると、鼻血が出ている。自分の力の加減が分からず、小さな女の子を泣かしてしまった。

▼性虐待の後遺症

子どもの時点では知らなかったことが、古い呪いの封印を解くように、一気に流れ込んで来た。私は気持ち悪くなって、トイレに行って吐いた。涙は、その反動で少しだけ流れた。自分を殺してやりたいと思った。今でもその気持ちは残っている。

私は、自分がそのときに、スカートをはいていたことを、古い映像のなかから思い出した。そのことに気づいたある日を境に、私はズボンだけをはくことにした。周りから、奇異な日で見られることもかまわなかった。職員に言ってどうなるものでもなかった。場所が見つかるまでの封印だった。ただ、ただ、自分のなかでわき起こる、自分への憎しみをどうすることも出来ずにいたのも確かだった。私が落ち着いていられるのは、ズボンで日常を過ごしたからだと言っても過言ではない。

▼成人後の生活

そのころからドラゴンは、部屋を閉め切って、一歩も部屋から出ることが出来なくなった。もともと食料もつき、部屋代だけは確保している生活だ。少なくとも、部屋代だけは払える。ドラゴンは、暗い部屋のなかで、ジッとうずくまった。

そしてドラゴンは、いろいろな「自己消滅」の方法を考えていた。生きていても仕方がないと感じていたドラゴンは、何も食べず、水だけで毎日を過ごし、ただ、その方法を一つひとつ挙げていった。どうして自己消滅を願うのか。その理由は、この世に生を受けたことが忌まわしいということだった。そして、何度も訪れるフラッシュバックと、それに伴う苦しさ。それに耐えられる力がないということだった。その方法。

（この体験記を書くにあたって、その方法には触れないことにした。実際に、試した方法もあったが、体験記の本来の目的ではないので）。

ドラゴンはその後、締め切った部屋で過ごした。外の世界の光は、ドラゴンにはまぶしすぎた。暗闇のなかで、ジッと息を殺して、外から運ばれてくる喧噪に耳を懲らした。自分が、だんだんと弱っていくことがうれしかった。この世から、消えてゆくことがうれしかった。強靭な体力のドラゴンが、やっと自由に、この世から消えていける。

「ドラゴンがこの世からいなくなって、嘆く人はいない。ただ、困る人はいる」。だが、ふとある日、ドラゴンはそんなことを思った。長い穴蔵生活の果て、急に心にわき上がった思念が、こだまする。

▼ドラゴンの涙

言いわけばかりのドラゴンより。

ドラゴンは、最初から冷たかったわけじゃなかった。はじめは、あったかい心を持ってたんだよ。はじめは、涙もいっぱいこぼれたんだよ。はじめは、感情も豊かだったんだよ。はじめは、大きな声で笑ってたし、はじめは、友達に優しい心も持てたんだよ。はじめは、本当に誇り高いドラゴンだったんだよ。

でも、ごめんね。途中から、そんなことはどうでも良くなって来たんだ。お母さんから「何度殺しても生き返って来る」って言われて、「もういいや」って思った。わたしがいるから、みんなつらいんだって思った。

B　エドワードさんの苦しみ

▼高校時代の非行と万引き

高校では、サッカークラブに入った。クラブのある日は、夕方まで汗を流し、帰りは、コーラ一リットルの一気のみに挑戦したり、それなりに楽しい日々が続いた。しかし、たがが外れてたボクは、少しずつ不良になっていった。ボクの高校は、学生街にあった。学生向けの雀荘がたくさんあり、悪友たちと入り浸るようになった。

朝、学校の近くの喫茶店でコーヒーを飲んでいると、授業をフケてきた悪友たちがやってくる。人数がそろうと雀荘に行き、麻雀をした。必要な単位数を計算し、その時間だけは、学校に戻り授業を受けた。教科書も学校のロッカーに置き、家で勉強をしなくなった。試験前になると教科書を持ち帰った。

そのうち、パチンコも覚え、放課後にパチンコ屋に行き、せっせと稼いでいた。当時のパチンコは手動式で、釘を読めれば、そこそこ出すことが出来た。都会の高校生は、地方出身の大学生よりあか抜けていたせいか、店員にとがめられることはなかった。タバコも覚え、一日ひと箱吸うようになった。

高校二年生になったころから、ボクは少しずつ壊れていった。万引きが止まらなくなった。本屋に入ると人が変わったようになり、本を万引きするようになった。パチンコやアルバイトで、本代くらいは稼いでいるのに、万引きが止まらなくなった。

万引きを止めようと、いろいろ考えた。手袋や包帯をしてお店に入ったり、友だちといっしょに行くようにしたり……。でも、すべて無駄だった。どんなに止めようとしても、お店に入ったとたんに人格が変わり、あらゆる困難を乗り越え、万引きをしてしまった。何かに挑戦するかのように万引きをし続けた。

思い詰めたボクは、とうとう、自分の手をカッターで切った。自分の手を石でつぶしたこともあった。痛みが続いている間は、万引きが治まった。しかし、手が治ると、すぐに万引きが再開した。

▼さまざまな精神病理

高校生から二十代後半まで、記憶がないながらも、さまざまな症状に悩まされた。

寝ていると、よく金縛りにあった。突然、身体に何かがのしかかったように重たくなった。仰向けに寝ていると、スモールランプに照らされた天井しか見えない。身動きが出来ず、眼も動かすことが出来ない。胸元から腰にかけて、何かが乗っている感覚がするが、眼を動かすことも出来ず、手足も動かすことが出来ない。恐怖にかられて必死に身体を動かそうとするが、指一本動かない。無限とも思える長い時間、ジッと微動だに出来ず、天井を見つめていると、フッと身体が軽くなり、金縛りが解ける。汗びっしょりになりながら、緊張で堅くなった身体をほぐした。金縛りにあうと、もう眠れなくなり、壁に寄りかかりながら、朝までうつらうつらしていた。

幽体離脱もよく起きた。寝ていると意識だけが身体から離れていき、自分の身体を見下ろしている状態になる。心だけ身体から離れ、宙を漂っている。心が体に戻った後も、しばらくのあいだ、身体にむずがゆい感覚が残っていた。当時は、これが解離（かいり）と呼ばれる症状だと知らず、心霊現象の本ばかり読みあさっていた。

また、自分の身体が自分のものでないような感覚にも襲われた。人と話していても、自分がそこにいないような、誰かほかの人が話しているような感覚になった。何をしても、それをしているのが自分であるという感覚がなく、他人事のような感覚につきまとわれた。これが離人症であるとは、つい最近まで知らなかった。

自分が汚れている、自分は嘘つきだ、生きていても仕方ない、という考えにつきまとわれた。冷静に考えても、思い当たることがないにも関わらず、その考えがつきまとい、離れなかった。そして、いつか死ななくてはいけないと考えるようになった。

▼細切れの人間関係

自分が虐待を受けてきたことにより、人間関係が長続きしない。どの場所でもそれなりの人間関係をつくれるが、数年たつとばっさり切ってしまう。人間関係が続くと自分が不安になってくる。「こういう環境がいつまでも続くはずがない」と思うと突然引越しをしてしまうのだ。

転勤すると、それまでの関係をばっさり切ってしまった。そういうことは子ども時代からあり、細切れの人間関係を持ってきた。異性関係でも同じで長続きしない。自分で切ってしまい、相手に自分を捨てさせるようにしむけてしまう。

▼身体的虐待の後遺症

子どもが生まれたとき、「絶対に殴らないで育てよう」と固く決意した。でも、自分でも「なぜ、こんなことを考えるのだろう」と不思議だった。子どものころ、職員にそれほどひどく殴られた記憶はなかったのに……。

離乳食が始まり、なかなか食べない子に怒りの炎が燃え上がった。トイレット・トレーニングに失敗する子に、叩きたくなる欲求がこみ上げてきた。おもちゃを買って欲しいとだだをこねる子どもを、けっ飛ばしたい気持になった。言うことを聞かない子どもに対する、憎悪と言っていいほどの怒りが沸き上がった。子どもを殺しかねない怒りの感情に、自分でも驚いた。懸命に自分を抑え、感情をコントロールした。手をあげそうになる自分を必死で我慢した。叩いたらおしまいだと、止まらなくなると、懸命に押さえ込んだ。自分は絶対に同じことをしない、と怒りに燃えながらも考えた。誰と同じなのか、何をしないのか、記憶にないながらも、してはいけないと自分を抑える毎日だった。

▼性的虐待の後遺症

子どもが一歳になったある日、いつものように息子をお風呂に入れ、体を洗っていた。ボクは、息子のチンチンに手を伸ばし、洗おうとした。すると、目の前に、二十三年前の光景が、突然広がった。

ボクは、「うわー」と叫んだ。びっくりした妻がお風呂のドアを開けた。「お父さん、どうしたの。顔が真っ青よ」。ハッと我に返り、「なんでもない」と返事し、息子のアワを流し、妻に渡した。

湯舟につかり、今の光景を、ゆっくりと記憶から引き出した。一瞬にして、すべてを思い出した。

自分にこんな過去があったなんて……。いろいろ苦労して、それなりに生活も落ち着き、結婚し、子どもができて、「これから幸せになるんだ」と思っていたのに……。

父子の楽しいお風呂タイムが、ボクには拷問の時間になった。妻に頼みたくても、昼間の密室育児に疲れ切っている妻には、とても頼めない。怒りがこみ上げるたびに、深呼吸し、感情を抑えた。ボクには、つらいとき、悲しいときに、スッと感情を切り離せる特技があった。考えても仕方ないことは、さっと切り替えて、考えずにすむことができた。そこで、感情が高ぶり、どうしようもないときは、感情を切り離し、ロボットのようになって、子どもの世話をした。

ボクは、赤ん坊を連れ、教会に行った。結婚式以来、久しぶりの教会だった。教会で祈った。そして、ボクは、「絶対に子どもを叩かない」「虐待は絶対にしない」「マイナスの感情に負けず、理性を優先する」と、教会で決意した。そして、ボクに力を与えてくれるように、神様に祈った。もう、自分一人で解決できるとは、思っていなかった。何かに頼らなければ、自分を見失いそうだった。

なぜ、兄弟のなかで、ボクだけが荒れたのか。すさんだ生活をしていたのか。十代から二十代にかけての荒れた時期の原因が、すべてこれにあったのだと思い至った。

C 速水さんの怒り

▼高校一年で非行の道へ

ただ、遊びたかったのだ。仲間と一緒にいる時間がとても楽しかった。覚醒剤に手を出したのも、このころだった。射った瞬間のあの気持ちは言葉では表わせない。身体が軽くなり、頭がすーっとする。たとえる言葉はたくさんあるけれど、実際はやった者にしか分からない。

ディスコで知り合った女と仲間の部屋へ行き、薬を射ちながらセックスをする。これが毎日の日課だった。遊ぶ金は仲間と恐喝をした。新宿駅から出てくる田舎者を見つけては、人通りの少ない路地に連れ込んで、金品をまきあげた。新宿でやったら原宿へ、次は池袋へと、場所を変えながら、夜、新宿へ帰ってくるまでには十万円近い金を手にしていた。恐いものなどなかった。心は生きようとしていなかった。薬で痩せていく自分の身体を見ても、（薬で死ねるならいい）と思っていた。十六歳になってすぐ、恐喝で捕まった。

面会に来た母親が泣いた。（ざまあみろ！）と心で叫んだ。

「お前が育てようとしなかったんだから、悪くなっても文句はないだろう」と悪態をついた。さらに母親は泣いた。ずいぶんひどいことを言ったと思う。でも、このときの私は母親を許せなかった。昔、施設にいたとき、私を虐待した義父とは別れたらしい。でも、母親は私を迎えに来なかった。それどころか、新しい男を作って暮らしていたのだ。

これを境に、私はどんどん堕ちていった。まじめになるなんて頭のなかになかった。何をやっても少年院ですむ。そんな考えすら持っていた。捕まるたびに母親を呼んだ。そして暴言を吐く。一度、母親に、「この売女《ばいた》！」と罵《ののし》ったことがある。そのときの苦り切った母の顔を今でも忘れられない。とにかく、私は手がつけられなかった。

▼暴力団での生活

覚醒剤を射てるという理由だけで組にいた。毎日毎日、シャブを射ち続けた。もう人前に出られる状態ではなくなっていた。薬が手に入ると、ラブホテルに入って射つのが日課だった。組事務所にもほとんど顔を出さなくなり、シャブ仲間からネタをもらうと、ラブホテルにこもった。ヤクザをしていたといっても、名前だけ籍を置いてあるだけで、稼業を真剣にやっていたわけではない。薬を買うために何でもやった。酔っ払いを殴り倒すノックアウト強盗。暴走族を襲う族狩り。恐喝。手当たり次第に犯罪を繰り返した。鑑別所、少年院、娑婆。その繰り返しだった。刺青も入れた。もう、戻れないと思った。薬の快楽のなかで死んでいく自分に陶酔した。弱くて卑怯だった。

私の十代は、薬と暴力とセックスだけだった。何も食べずに、ただ注射針を腕に突き刺していた姿は、人が見たら狂っていると思っただろう。

3 子ども虐待のさらなる闇

もし、この三人の人たちと同じような境遇で育ち、虐待されて成長したとしたら……。恐らく、同じすさんだ人生を歩んだであろう、と思ってしまうのは、私だけではないはずです。また、人が非行・犯罪を犯したり、自殺を図る心の闇を私たちは伺い知ることができます。

三人のなかで、エドワードさんとドラゴンさんは性的虐待の被害を被っていました。いずれも保護された施設内で生じたことは重大です。近年、児童養護施設等で施設内虐待が次々に明らかになり、加害者が罰せられていますが、まだまだ氷山の一角です。表面化しているのは、ひどい身体的虐待や性的虐待ですが、見えにくい心理的虐待やネグレクトはどれくらいあることでしょう。特に、小さい子どもでは自分から訴えることがないので、わからないままです。乳児院においても、樂木（二〇〇二）[9]

は、保育者集団に不人気な乳児が何人か存在し、食事をさせてもらう順番がいつも一番後回しにされる、目覚めていてもベッドの中に入れられたままであることが多い、などを長期観察によって見出しています。私も児童福祉施設に勤務していたときに、職員からの「バカ、アホ」「あんたなんかどっかに行ってしまえ」などの心ない言葉を何度も耳にしてきました。

私が二十代後半で施設に住み込んでいたときには、一歩間違えると性的虐待の加害者になっていたかもしれない体験がありました。父親からの度重なる性的虐待に耐えかねて家出を繰り返し、しかしながら性に目覚めて不純異性交遊を行なっていて保護された高校一年生の女子を個別に学習指導をしていて、誘惑されたことがあったのです。少女時代に性的虐待を受けた女性のなかには、性行動が活発になって、不特定多数の男性と性交渉を行なうという被虐待の再演を示すのですが、身体的には大人の女性であったその高校一年の彼女は、性の対象として私に視線を向けてきたのです。

ほかには、私の指示に従わず、挑発して騒ぐ中学生男児の頬をビンタで張り飛ばしたこともありました。私の対応力不足のために、暴力に出るしか、その場を鎮める術を知らなかったのです。このように、施設職員が虐待を繰り返す危険性があるのです。虐待を受けてきた子どもたちは、やはりひねくれていて、人の気持ちを逆なでする嫌らしさがあり、言動が荒っぽく、あるいは異常に馴れ馴れしかったりして、本当に扱いにくいのです。対応する側に、専門性に裏打ちされた強い自制心や忍耐力が求められます。そのほか、里親が里子に身体的虐待や心理的虐待を行なってしまい、施設に戻ってきたこともありました。里親の多くも、彼らの対応に苦慮しているのです。さらには、いくつかの保育園でのひどい扱いを聞いています。しかし、そんなことは理由になりません。関係者が力量をつけていき、児童福祉の場で、このようなことが繰り返されないことを願っています。

それより問題は、家庭内での心理的虐待や性的虐待はほとんど明らかになっていないことです。児童相談所への通告の内訳では、性的虐待はわずか数％ですが、実際には膨大な数の子どもが被害にあっているはずです。アメリカでは男子の一六％、女子の三八％が、カナダでは男子の一三％、女子の三一％が性的虐待を受けていたと報告されていて、一般には三人に一人の女児、六人に一人の男児というのが定説になっていると言われています（村本、一九九三）[8]。心理的虐待となると、どれだけ膨大な数に上るのか、想像するだけで嫌になります。日本の家庭や社会では、強い立場の人が弱い人に行なう「いじめ」「嫌がらせ」「無視」「罵《のの》り《し》」などが蔓延していて、それらが慢性化すれば心理的虐待となるのです。

性的虐待の実体について、日本でもやっと本格的な調査が行なわれるようになりました。まず、一九九三年の村本の発表によると、二百人の専門学校の女子学生に対して郵送で質問紙調査を行ない、有効回答のあった百十人を分析したところ、何らかの形で子ども時代に性的虐待を受けていた女性が三四％いることが判明したのです。加害者は、父、兄、祖父、おじに加えて、小学校の担任教師や友人の父、兄が挙がっています。こうした調査と期を一にして、一九九四年には自らの性的虐待体験を綴った書『甦える魂』（穂積、一九九四）[4]の出版などで、隠されてきた真実が徐々に知られるようになったのです。

最近では、岡本正子らが、児童相談所で二〇〇一年中に取り扱った性的虐待事例一六六件（その内一六二件は女子）のうち、四分の一に性交被害があったことを報告しています（日本子どもの虐待防止研究会　第九回学術集会前日の国際シンポジウム、二〇〇三年十二月十八日）。また、加害者の四〇％は実父で、続いて継父の二二％、そして母親の付き合っている男性が一二％でした。虐待を受け始めたのは、四人に一人が乳幼児期からで、小学四年生から多くなっていました。虐待の影響として、七五％の子どもに何らかの症状や問題行動が見られていました。気分が変わりやすい、うつ、自傷などの精神症状は五〇％、家出や徘徊、多動や乱暴といった行動上の問題は五二％、性的な逸脱行動や年齢にふさわしくない性的な言動などが八六％に、夜尿や頭痛などの身体症状は二二％に認められたのです。

子ども時代の性的虐待は成人後もさまざまな精神障害（抑うつ、対人不信、解離性障害、人格障害）をもたらします。自分を傷つけたり、自殺願望の傾向も高いのです。ドラゴンさんの状態がそうなのです。斎藤ら（二〇〇三）[11]は、仮説として次のように説明しています。子ども時代の性的虐待体験は、自己に統合した形で回想することに苦痛を伴い、ひいては、脳内の海馬、側頭葉、前頭葉の萎縮や機能不全、あるいは機能昂進をもたらすのだそうです。重度の場合は、脳組織全体が萎縮している例もありました。つまり、心的外傷（トラウマ）が脳神経組織を直接破壊していることが示されたのです。

また、身体的虐待を被ってきた被害者である子どもが成長していくと、今度は他者を傷つける加害者になってしまうこともあります。速水さんのようなケースは少なくないのです。今日では、少年院や児童自立支援施設に入所している少年少女の過半数が、かつて大人から虐待されていたことが明らかになっています（藤岡ら、二〇〇三）[2]。ずっと親から傷つけられてきた子どもが思春期以降になると、今度は非行・犯罪を犯して人を傷つけるようになるのですが、なかにはまったく罪悪感を感じることなく犯罪を繰り返す少年少女もいます。生まれてから誰にも大切にされなかった子どもが、人を大切にすることを知らないのは当たり前です。子ども時代の被害者が、その後加害者に転化していくのです。虐待のトラウマが人格形成に及ぼす悪影響の怖さがここに見られます。

小さい頃から暴力を振るわれてきた子どもは、何か気に入らないことがあれば他人に暴力を振るっていいのだと学び、暴力を肯定するようになります。こうした子どもが保護されて、里親宅や児童施設にやってきたとき、里親や職員、そして周囲の子どもに対して、ちょっとしたことで暴力や暴言を振るう問題児となります。彼らにとっては、それまで暴力環境にいたわけで、そうした行為しか知らないのです。人に対して暴力によって自分の思いを伝えるという、誤ったコミュニケーションを学んできたからです。

藤岡（二〇〇一）[1]によると、非行が進んだ少年は、被害者の気持ちを無視するだけでなく、自分の感情や内面を見ないようにしているといいます。長期間ひどい虐待環境にさらされるという強いストレス下に置かれると、その痛みや辛さから逃れようとして感覚の麻痺が生じます。子どもではどうしようもない虐待環境下では、絶望や無力感に襲われ、感情が麻痺してしまうのです。この麻痺状態が、被害者の心の痛みに一切思いをはせない原因であると考えられています。子どもの頃に受けた虐待がもたらすトラウマは、引きこもり、不登校、家庭内暴力、境界性人格障害、解離性障害、自傷、摂食障害、薬物乱用、非行・犯罪等、さまざまな症状を引き起こしますが、その関係は複雑で、どのような虐待がどの問題行動を引き起こすのかは、まだ明らかになっていません。子どもによって、ストレスの耐性や回復力が異なっているからです。また、いずれの場合も、他人とうまく人間関係が保てないという大きな問題がついて回っています。

さらに、毎年百人以上の子どもが虐待によって殺されています。二〇〇〇年度の死亡例は百六人でしたが、報道事件とあわせると年間の虐待死は約百八十人と推定されています（相模ら、二〇〇三）[10]。さらに、医療機関と福祉機関の連携が十分ではなく、親から虐待されて救急で運び込まれたとしても、親の主張するとおり事故として扱い、児童相談所に通告しないために、虐待による死亡に数えられていないケースはかなりあるようです。そして、死は免れたとしても重い障害が残ってしまう幼子はあとを断ちません。一病院で治療した、虐待による頭部外傷入院児十七人を調べたところ、一歳までの乳児が多く、死亡は四人にとどまったものの、生存した子どもの後遺症として、精神遅滞六人、片麻痺二人、視力障害二人、てんかん一人が認められたのです。後遺症のない子どもは五人に過ぎません（古谷ら、二〇〇〇）[3]。また、外見的には傷がなくても、頭部に加えられた強い揺さぶりによって、脳内の神経が傷つき、脳内出血を引き起こす揺さぶられっ子症候群も知られています。それによって、意識の障害や知的・精神発達に大きな悪影響をもたらすことが懸念されているのです。

ところで、一般には世間の注目をひく身体的虐待が取り上げられるのが多いのですが、実は表面化しにくい心理的虐待やネグレクトによる傷の深さも深刻なのです。第2章で取り上げる愛着障害のなかで最も困難なのは、親に放置されて関わってもらえなかったり、施設で数多くの職員に養育されて特定の大人との密接な関係を築けなかったりする、無愛着（無差別愛着）の子どもたちなのです。親からひどい虐待を受けて、保護された施設でも身体的虐待を受け続けたカイザー（Kiser, 2001）(7)は、中年期になって半生を振り返り、こう語っています。

親のいない孤児にとってもっとも危険なのは、肉体的な暴力ではない。むしろ精神的な苦痛である――何年も何年もかまってもらえず、脇へ追いやられ、無視され、誰からも愛されず、存在を認めてもらえない。そのうえほとんどいつも、ほかの人たちと同じ人間ではなく、まるでモノのように扱われる――そんなストレスは積もり積もって子どもの心を圧迫していく。しかし、それよりももっとつらいのは、『無条件の愛』を注いでくれる人がいないということである。幼いころに、何の見返りも求めずただ受け入れ、愛してくれる人を持てないこと、これこそ何にもまして不幸なことだろう。

（カイザー『「親に見捨てられた」子の手記』高橋朋子訳(7)）

言葉で表現できない子どもたちの魂の叫びを聞き、目に見えない心の傷を見抜くのは大人たちの務めです。子どもの訴えに耳を傾けることの少ない日本の大人たちに対して、自分の辛い過去から目をそむけることなく、勇気をもって語ってくれた人たちは、虐待を受けてきたかつての子どもたちの代表なのです。

最後に、時代によって国によって、多い少ないはありましたが、子どもに対するひどい行為は決してなくならなかったのです。そのことは、童話や昔話に子どもの虐待や捨て子の話が存在することからもわかります（河合、二〇〇三）[6]。たとえば、グリム童話の「ヘンゼルとグレーテル」では、飢饉で食料がなくなってしまったために、二人の子どもを森の中に捨ててくるように命じたのは実母でした。「白雪姫」でも、ひどいいじめを繰り返したのは実母なのです。それらを私たちは「まま母」と聞かされていましたが、実はグリム童話の原話では、いずれも実母なのです。河合はこうした童話に恐ろしい母親を登場させた理由として、昔の人たちは母性の恐ろしい一面を知っていたからだと説明しています。

男親も同様です。それどころか、父親の場合は子どもへの折檻や体罰が、躾や教育として通用していました。特に、戦国時代や近代の戦争の際には、武士や兵隊は敵を殺さないと自分が殺されるので、相手を傷つけ殺す術を親として息子に身につけさせる、それが一種の教育でもあったのです。この様子を、剣豪宮本武蔵の前半生を描いた吉川英治の小説『宮本武蔵』[12]に見てみましょう。

> 木剣の冷たい肌を頰に当てると、幼年のころ、寒稽古《かんげいこ》の床《ゆか》で、父の無二斎からうけた烈しい気

魄が、血のなかに甦《よみがえ》ってくる。その父は、秋霜のように、厳格一方な人物だった。武蔵は幼少にわかれた母ばかりが慕わしくて、父には、甘える味を知らなかった、ただ煙たくて恐いものが父だった。九歳《ここのつ》の時、ふと家を出て、播州《ばんしゅう》の母の所へ、奔《はし》ってしまったのも、母から一言《ひとこと》、(オオ、大きゅうなったの)と、やさしい言葉をかけてもらいたい一心からであった。だが、その母は、父の無二斎が、どういうわけか離縁した人だった、播州の佐用《さよ》郷《ごう》の士《さむらい》へ再縁して、もう二度目の良人の子供があった。(帰っておくれ、お父上の所へ……)と、その母が、掌《て》をあわせて、抱きしめて、人目のない神社の森で泣いた姿を、武蔵は今でも、眼に泛《うか》べることができる。間もなく、父の方からは、追手が来て、九歳《ここのつ》の彼は、裸馬の背に縛られて、播州からふたたび、美作《みまさか》の吉野郷宮本村へ連れもどされた。父の無二斎はひどく怒って、(不届者不届者)と、杖で打って打ちすえた。その時の事も、まざまざと、童心につよく烙《や》きつけられてある。(二度と、母の所へゆくと、我子といえど、承知せぬぞ)その後、間もなく、その母が病気で死んだと聞いてから、武蔵は、鬱《ふさ》ぎ性《しょう》から急に手のつけられない暴れン坊になった。さすがの無二斎も黙ってしまった、十手を持って懲《こら》そうとすれば、棒を取って、父へかかって来る始末だった、村の悪童はみな彼に慴伏《しょうふく》し、彼と対峙《たいじ》する者は、やはり郷士の倅《せがれ》の又八だけだった。

(吉川英治『宮本武蔵』(12) 第一巻)

史実にも、父無二斎の冷酷な振る舞いは記されています。その後、武蔵は数え年十三歳のときに、武者修行の武士と決闘をして、相手を打ち殺したのです。それ以来、村人からは怖がられ嫌われ、人間の冷たい心ばかりが彼に向けられ、武蔵の残虐性は膨らむばかりでした。そして、十七歳で関が原の合戦に出陣するために村を出てから、生涯で六十数回に及ぶ果たし合いの修羅場を踏んだのです。その闘争と煩悩のなかで成長していく人間宮本武蔵は、今日まで時代を超えて多くの人に親しまれてきましたが、彼は今日の言葉で表わすと、被虐待児だったのです。決闘では負け知らずの武蔵でしたが、その後、剣を捨てて多くの絵画や書物を残し、生涯家庭の温かさを知ることなく、孤独のうちに六十二歳で病死しました。

母親も父親も、古今東西を問わず、このような性向をもっていることを踏まえたうえで、母性・父性の善悪両面を見据える必要があります。時代や国の違いこそあれ、誰でも一歩間違えれば、鬼や悪魔のような親になってしまうという事実を直視しなければなりません。

第2章 子ども虐待と愛着障害

1 ホスピタリズムとフロイトまで遡る

A ホスピタリズムとネグレクト

前章で取り上げた悲惨な虐待は、古今東西、それこそ人類の歴史とともに、さまざまな形で存在していました。

さて、虐待は英語で abuse ですが、単語の意味を見ると、ab = 逸脱した、use = 使用であり、子どもに対して不適切な対応をするというわけで、かなり広い使われ方をします。だから、子どもだけを車中に残して、親が店で買い物をすることも child abuse なのです。Child abuse の日本語訳である子ども虐待は、かなりひどい状況を連想させるので、場合によっては虐待という日本語が誤解を招く場合があります。

殴る蹴る、暴力をふるう身体的虐待を初めとして、ひどい言葉を投げつけたり、嫌がらせを繰り返したりする心理的虐待、そして子どもに性的な行為をしたりさせたりする性的虐待があるのです。これら三種類の虐待は、不適切ではあっても、子どもに何らかの働きかけをしていますが、子どもを世話せず放置するネグレクトでは、大人との関わり自体がほとんどないわけで、場合によっては三種の虐待以上に、多大な悪影響をもたらすことがあります。

このネグレクトという現象は、用語は異なりますが、百年ほど前から研究対象となっていました。その事情を金子 保（一九九四）[21]が詳しく説明していますので、それを参考にして紹介します。まず、二十世紀初頭のヨーロッパの孤児院で、当時としては恵まれた医療と看護の下で養育される乳児たちが、次々と感染症や栄養失調で死んでいく現象はホスピタリズム（Hospitalism）と名づけられていて、関係者に恐れられていました。どんなに栄養条件を改善しても、感染を防ぐ手立てをしても、幼い子どもの命を救えなかったのです。当時の孤児院では、子どもを世話する職員が極端に少なく、一人の大人が二、三十人の乳児を世話しなくてはならなかったので、乳児は一日中ベッドに入れられ、定時の食事やおしめ交換以外は、ほとんど大人と関われない日々を送っていました。そのうち乳児たちは、抱かれることも声をかけてもらうことも諦めてしまって、泣かなくなり笑わなくなっていたのです。こうした日々のなかで、心身の成長は極端に悪く痩せこけて、病気によって乳児があっけなく死んでいく孤児院は、当時の人びとから「死の家」と呼ばれていたのです。

そうした状況のなか、ドイツのデュッセルドルフ孤児院で、栄養の改善や病気の予防といった医学的管理だけでなく、大人が手厚く子どもを養育する必要があると考えて、職員ができるだけ乳児を抱き上げたり話しかけたりするようにしました。その結果、どうしても防げなかった乳幼児の死亡率を大幅に減少させることができたのです。一九〇九年になってファウントラーは、ホスピタリズムの原因が、母親から離されて手厚い養育ができない、孤児院での集団養護障害から生じた精神的空虚であると見出しました。

一方、そのころのアメリカでも孤児院で生活を送る乳幼児の死亡率が非常に高く、それを防ぐために、一九〇二年に小児科医チャピンは、子どもが病気にかかったときに一般家庭にあずけて健康の回復をはかろうとしました（Chapin, 1908）[7]。その結果、当時のアメリカの孤児院での乳児死亡率は三一・七～七五・〇％に及んでいたのに対して、里親委託の場合には一一・七％に抑えられました。そのころ、国際連盟では家庭で孤児を育てるべきだという宣言がなされたこともあり、アメリカでは里親による養育が大きく進展していったのです。

また、十九世紀のイギリスでは、千人以上収容する大規模な孤児院で深刻な発達遅滞が生じていることが大きな社会的問題となり、施設症（institutionalism）として恐れられていました。それに対して、バーナードによるファミリー・グループ・ホームの形態をとったバーナード・ホームの実践という形で施設改善を行なっていったのです（大泉、一九七五）[28]。

日本においても、大実業家の渋沢栄一（一八四〇－一九三一）は社会貢献の一つとして運営していた東京養育院で孤児のホスピタリズム現象に気づき、その解消を試みました。その様子を彼の自伝から紹介します。

一般世間の温かい家庭に育つ子供を見ると、拗《すね》る、跳《はね》る、甘えるという自由さがある。笑うのも泣くのも自分の欲望を父母に訴えてこれを満たし、或いは満たさんとする一つの楽《たのし》みから出ている。しかし養育院の子供には夫等《それら》の愉快がなく、楽みがなく、また自由さもない。それに誰を頼ろうという対象者も無いので、自然に行動が不活発となり、幼いながらも孤独の寂《さびし》さを感ずる様になる。それが延《ひ》いては子供の発育に大関係がある事を知った。それでこれらの子供を順調に発育させ、伸び伸びとした気持で世の中に出るようにさせなければならぬと考え、それには家庭的の親《したし》みと楽みとを享《う》けさせるのが最も肝腎であると思った。そこで書記の一人にいわば親父の役をする様に注意させ、毎日煎餅や薩摩諸《さつまいも》等をその書記の手から与えて、次第に子供等と接近させる様にし、時にはこれらの子供の遊び相手となって親しみを増させる様にしたのである。この方法を実行して見ると仲々成績が良く、今迄沈みがちであった気持も直り、発育の方も以前よりは余程良くなって来た。そして遂には子供等も親の様にその係の者を尊敬し、喜ばしい時も悲しい時もまた何や彼《か》やの不平なども、総て遠慮無く訴える様になった。その成績が良いのでその後引続きこの制度を採用して居るが、この点は私が幼童者を取扱う点に就いての一発見であるというても差支えないと思うて居る。

（渋沢栄一『雨夜譚——渋沢栄一自叙伝「抄」』(34)）

このように、子どもを育てる大人との温かい関わりが重要だという認識が世界各国でなされるようになりましたが、それを児童精神医学の立場から科学的に追求した一人がイギリスのボウルビィ（Bowlby, J., 1907－1990）でした。

ボウルビィは、アメリカやヨーロッパの数多くの孤児院を調査して、実態把握に努めました（Bowlby, 1951）[4]。その結果、多くの施設では十分な養育ができなくて、子どもの心身の発達が遅れていたことが判明したのです。特に、言語発達が遅れていて、それ以外にも情緒に乏しく、社会的能力が育っていないなど、精神発達上の問題が顕著でした。この調査に基づいてボウルビィは、乳幼児と母親（あるいは生涯母親の役割を果たす人物）との人間関係が親密、かつ継続的で、しかも両者が満足と幸福感に満たされるような状態が精神衛生の根本であるといい、ホスピタリズムの原因がこのような人間関係を欠くところにあると主張しました。

彼はまた、反社会的行動をした成人の子ども時代までさかのぼって調べ、異常性格の根本原因が母親・代理母親との間に温かくて親しい持続的関係がないためであり、愛情欠損性精神病者（affectionless psychopath）という用語を当てはめました。そして、乳幼児の心の健康にとって、母性的人物との親密で継続的な関係が重要であり、精神の発達にとっては蛋白質やビタミンのように必須な栄養素だと主張したのです。次にボウルビィは、ホスピタリズムが施設や入院病棟だけでなく、家庭でも起こりうる現象であり、いずれも母性的な養護に欠けていたためだとして、マターナル・デプリベーション（母性的養育の喪失）という用語で説明しました。

その後彼は、母性的養育の喪失が母親や女性だけに限らないことを表わすために愛着概念を提唱しました。そして、育てる人が誰であっても（母親でなくても女性でなくても）、さまざまな世話や語りかけや抱くことを通して、子どもとの間に徐々に形成される人間関係である愛着が子どもの生存や発達にとって、不可欠だということを理論づけたのでした。

B　フロイトと性的虐待

十九世紀の終わりごろ、フロイトはヒステリー患者が過去にどのようなトラウマを体験していたかについて研究を進めていました（西澤、一九九七[25]、斎藤ら、二〇〇三[33]）。彼はトラウマの内容を知るために、ヒステリー患者に対するカウンセリングを重ねるなかで、十八人すべてに子どものころ、父親を初めとする周囲の成人から性的虐待されていたことを聞き出し、ヒステリーの原因が性的虐待体験によるのではないかと考えるようになりました。しかし、フロイトがこの説を公表したところ、学会のみならず一般社会からも猛反発を受けたのです。当時の家父長制の強いオーストリア社会では、父親が娘に性的な行為を及ぼしているというフロイトの説を受け入れることなどできなかったのです。

そのためフロイトは、ヒステリー患者の語る子ども時代の性的虐待の被害というのは、現実の体験ではなく、異性の親との性的関係を望む子どもの性欲や空想から生み出されたものだとする説を唱えたのです。このフロイトの考えは、異性の親に対する性的な欲求をもち、同性の親への攻撃性を抱いたために罪悪感を感じて自分自身を罰したいと願う、子ども自身の複雑な葛藤を示したエディプス・コンプレックス理論へと転化していきました。そして、このコンプレックスがうまく解消されないときに、神経症を生み出すことになるとして、精神分析理論を確立したのです。こうして、精神分析に基づく精神療法においては、患者の子ども時代の性的虐待を幻想と聞き流し、科学的な検討を加えることがないまま、歳月だけが経過していったのでした。

C　ケンプの被殴打児症候群

子ども虐待がアメリカで問題視され始めたとき、まず関心を抱かれたのは、親からのひどい体罰や暴力という身体的虐待でした。ケンプら（Kempe, et al., 1962）[22]が一九六〇年代の初頭に、被殴打児症候群（battered child syndrome）の名称で報告して、一躍注目を集め、アメリカで医療的な対応や福祉的援助の取り組みが始まるきっかけとなったのです（西澤、一九九七）[25]。ケンプ以前にも、親から暴力を受けて負傷した事例が報告されていたのですが、ケンプの報告は、親からのひどい暴力が決して例外的でないとした点と、暴力を受けた子どもには多くの共通点がみられる事実を示した点で重要だったのです。その共通点とは、低年齢の子どもが多く、栄養状態が悪く、長い間不適切な状況におかれている、古い怪我の跡がある、親の主張に矛盾がみられる、入院させると新たな傷ができない、というものでした。

このケンプの論文は全米の医療、保健、福祉関係者に衝撃を与え、虐待を通告する義務や介入を求めた各種の法的対応がなされたのです。当初は、身体的虐待ばかりに焦点が当てられていましたが、その後子どもを放置するネグレクトと心理的虐待が含まれていることがわかり、被殴打児症候群から被虐待児症候群（abused child syndrome）へと概念が変遷していったのです。

D　日本の児童施設での対応

かつてのわが国の孤児院は、親を失ったり見捨てられたりした子どもたちが大半を占めていました。数多くの孤児を抱えて、十分な世話ができないまま、先ほど紹介した渋沢の記述に見られるように、さまざまな問題が認められていたのです。なかでも、乳幼児には高い死亡率や重度の発達遅滞があり、その改善のために尽力した関係者がいたのです。一九二三年にヨーロッパに留学した、後の済生会乳児院院長となる小山は、ドイツの乳児院を訪問してホスピタリズム現象（施設内ネグレクトといえる）に触れる機会を得ました。そこで彼は、ホスピタリズムの治療のためには愛情深い職員による養護さえ十分ならば、栄養条件などは大した問題ではないと学んだのです（小山、一九三四）[23]。帰国後小山は、感染症の予防と同時に、職員による乳児体操を一日一、二回、一人につき三～四十分実行したり、お互いに遊ばせながら運動を行なわせることや、紫外線透過ガラスの部屋で日光浴するとか、寒くないときは屋外での日光浴を行なうなど養育の工夫を図って、成果を上げたのでした。

また、京都平安徳義会の杉山は、一九三三～一九三九年の間、十五～二十人の乳児に対し、看護師一人、保母四人（内夜勤一人）を置き、その当時としては、かなり多くの職員配置をして乳児の世話を行なわせました（杉山、一九四五）[36]。彼は、感染予防のために隔離部屋を設けたり、ホスピタリズム防止のための日光浴や乳児体操、そして運動補助具の使用などの工夫を行なって、乳児死亡率を低下させました。しかしながら、言語などの遅滞をどうしても防げなかったために、乳児院での養育に限界を感じ、田舎の婦人会と団体契約を結び、里子として乳児を預けて育ててもらうことを始めました。しかし、里親宅での生活条件が十分ではなく、多くの乳児が栄養失調や病気にかかって送り返されてきたのです。そこで、杉山は双方の問題点をふまえて、一歳前後までは乳児院で育てて、離乳した後に里子村に送り、里親による家庭養護に移る方法が最も合理的だと考え、乳児院と里子委託の両方を組み合わせた方法を採用しました。こうした実践は、今日においても参考になる貴重な取り組みだといえましょう。

その後、わが国の児童福祉施設の歴史は第二次世界大戦の敗戦とともに新しい段階に入りました。敗戦後、連合国軍総司令部ＧＨＱの指導の下に、乳児だけを収容する乳児院ができたのです。当時は乳児の死亡率が非常に高く、栄養失調や結核などの感染症から乳児を守るために、乳児専用の施設が緊急に必要とされたのですが、そこでは栄養改善や感染症の予防といった医学的配慮が第一に考えられ、またもやホスピタリズムの予防を考慮しない形態になったのです。特定の養育者との密接な関わりが不可欠な乳児を集団で養育する施設体制には根本的な欠陥があり、すでにアメリカなどの国々では乳児院という施設形態は、その存在が否定されていました。しかし、その体制を残したまま今日に至っているわが国の施設養育には、ホスピタリズムを生み出す土壌が残存しているのです。

ホスピタリズムの問題に十分対応できない施設形態が残っていることは、施設内ネグレクトを生み出す危険性があります。それに加えて、身体的虐待や心理的虐待の被害にあった子どもたちが次々に乳児院や児童養護施設に入ってきています。そうした子どもたちを抱えて、児童施設の養育基準はきわめて貧弱だと言わざるを得ません。

2 愛着理論から被虐待児対応を考える

A ボウルビィの愛着理論

出生直後から、新生児と養育者はさまざまな場面で関わりを深めていきます。抱っこしたり、お乳を与えたり、オシメを換えたり、あるいは見つめ合ったりして、徐々に愛情を伴った絆や基本的信頼感が形成されていきます。育てる大人のほうでも思い入れが深まり、かけがえのない子どもとなっていくのです。人がこの世に産まれたときから形成されていく、この最初の情緒的絆をボウルビィは愛着（attachment）という言葉で表わしました。この愛着は、一般的には乳児と母親との間に形成されますが、母親以外の人や男性であっても、血縁や性別を超えて、継続的に育ててくれる人と結びつくのです。

さて彼は、精神分析学と比較行動学という二つの学問を結びつけて愛着理論を作り上げました。さらに、進化論的生物学の観点に立ち、認知科学やシステム科学の知見を取り入れた総合的な理論にしていったのです（Bowlby, 1969）[5]。それ以来、今日まで膨大な数の研究が積み重ねられてきました。そして、ボウルビィが晩年に、自らの理論を次のようにまとめています（Bowlby, 1988）[6]。

愛着理論の本質的な特徴は、適当な環境であれば、養育してくれる人（一般的には母親）に接近した状態を維持しようとする行動を発達させる遺伝的特徴をもって、乳児が生まれてくることにあります。新生児期から養育者と社会的な関わりをもとうとする原初的な能力をもち、数日のうちに乳児は匂いや声、抱き方によって、母親とその他の人物とを区別するのです。そして、生後六か月前後になると、普通の温かい家庭に育った子どもは、誰に世話してもらいたいかをはっきりと表わすようになり、いつも養育してくれる父母以外の人に抱かれると泣いたり嫌がったりする人見知りを示すのです。特に、疲れていたり、怖くなったり、病気のときには、その傾向はより明らかになります。こうした持続的な愛着はごく少数の人に限定されるのです。

特定の養育者に対して親密な情緒的絆を結ぶこの傾向は、進化の過程で獲得された人類の基本的な特性で、それにより自ら身を守れない子どもをさまざまな危険から守る機能をもっているのです。ほかの動物と同様に、人類においても愛着行動は遺伝的にプログラムされており、環境条件が整えば一定の経路に沿って発現していくと考えられます。このことは愛着行動が最初から完全な形で出現するのではなく、細かいことはすべて学習されることを意味します。つまり、乳幼児期の愛着パターンは、養育者が子どもをいかに扱うかということに深く影響されるのです。

乳児が、母親や父親、あるいは自分を養育してくれる人であれば、誰に対しても愛着を示すという生得的な傾向は、危険から自らの命を守るための生物的機能として理解できます。移動し始めた乳児が、養育者から遠く離れて危険に遭遇しないように、常に養育者の側にいるようにするのが愛着行動の大切な役割なのです。一方、親の側も、乳児の泣きやむずかる信号に応えて、近づいて抱き上げたり、不安を解消しようとしたりする強い性向をもっています。こうして、親子が一緒にいるようになります。

その結果、愛情ある母親は、子どもに安全な居場所（secure base）を提供することとなり、子どもはそこから探索を行ない、怖い思いをしたときや不安なときには母親の下に戻ってくるのです。その際、安定した愛着形成が行なわれた子どもは「母親は信頼できる存在であり、自分は愛される価値がある」と思うようになり、逆に不安定な愛着形成がなされているときには、「母親は信頼できず、自分は愛される価値のない存在だ」という思いを抱いてしまいます。愛着が遺伝子に組み込まれた生得的特性だからこそ、産まれて間もない乳児は周囲の大人の誰とでも愛着行動を示そうとします。そして、愛着が学習されるものだからこそ、虐待する親にしがみつくし、ネグレクトを受けてきて愛着形成できていない場合には、無差別に愛着行動を示すという、誤った愛着パターンを身につけてしまう危険性があるのです。

さて、愛着理論において重要な概念が、子どもにとって安全な居場所となる養育者（母親とは限らない）です。この安全な居場所があるからこそ、子どもは養育者から離れていても、近くにいれば、安心して遊んだり探索に出かけられるのです。愛情ある養育によって、求めればその人が助けてくれるという信頼感を子どもがもつようになり、しだいに自己に対して肯定観を抱き、大胆に外界を探索できるようになります。

ボウルビィは、愛着が生涯にわたる人間関係の基盤だと考えています。つまり、新生児期に原初的な形で存在し、乳幼児期に顕著に見られ、その後大人になってからもこの愛着が存続します。その間、異性との間に結ばれる新しい絆によって補完されますが、老年期まで存在し続けるというのです。

いずれにしても、愛着は子どもの生命保持と発達に不可欠な役割を果たします。愛着の発達の一般的な姿については多くの図書で紹介されていますから他書に譲るとして、ここでは私が記録した娘茜の愛着形成をたどってみます。一人っ子で、母親が専業主婦で母乳のみで育ったので、母親とかなり密着しているという特徴があります。母親との愛着を基盤として、父親との関係性や家族外の人たちとの関わりが、それぞれの形で展開していく様子がわかります。

・ゼロか月―出生後、数日の病院生活で母親に抱かれる感触を覚え、面会に行った私が抱くと体を緊張させて、嫌がる様子を示した。
・ゼロか月―生後二週間目の父子の対面（図2－1）。「私が死ぬまで、この子と共に生きるんだ」という父親としての決意。
・一か月―何事も母親と父親でなければだめで、他の人に世話をまかせない。祖母が育児の手伝いにきたが、世話しようとしても茜が嫌がったため、疲れ果てて数日でギブアップした。

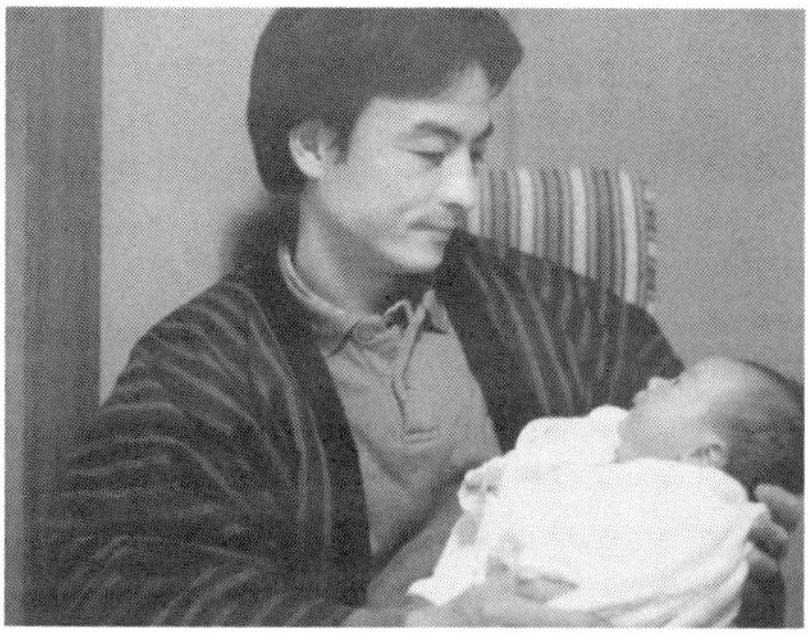

図２－１　ゼロか月：父と子の対面

・七か月―起きているときは、常に母親にくっつきたがり、一時も離れない。母親が寝ているときもちょっかいを出してきて、母親は休まるときがない（図２－２）。
・七か月―初めて祖父母の家に帰省した。孫を抱こうと近寄ってくる祖父を嫌がり、母親にしがみついてしまう。祖父がいくら誘ってもだめだった。男性、特にメガネをかけた人を拒否する。
・十か月―私たちがぬいぐるみを撫でていると、私たちの間に入り、ぬいぐるみを押しやって母親を独占しようとする。
・一歳ゼロか月―母親から離れる不安が非常に強くて、母親がトイレに入ろうとするとしがみついて離れず、仕方なく一緒に連れて入る日々が続いた。二歳過ぎまで、このような状態だった。
・一歳二か月―母親が近くにいなくても、初めて泣かずに私のそばで遊んだが、十分後に泣き出してしまった。
・一歳二か月―私が二泊三日の出張から帰り、手を差し伸べて抱き上げようとすると、茜はおびえた表情で母親にしがみついて

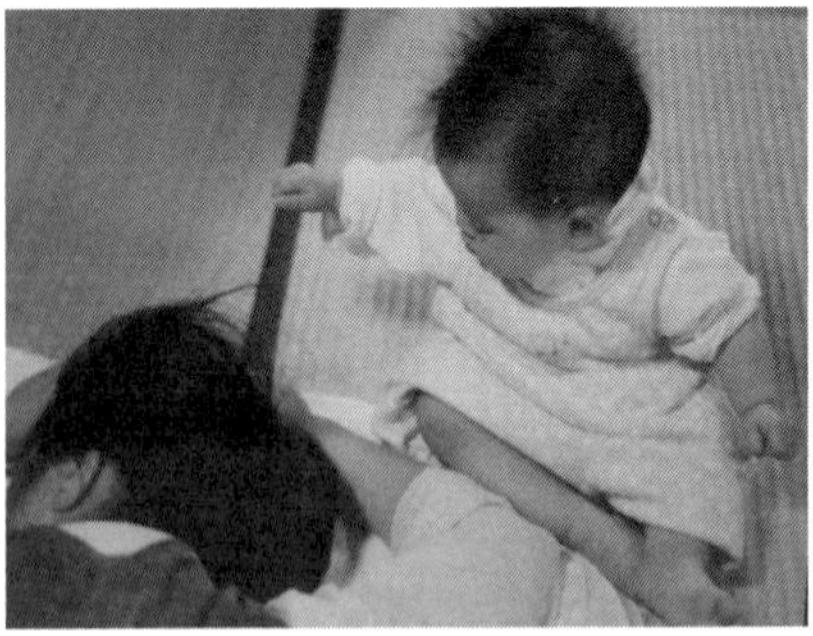

図2-2　七か月：母親と密着

しまった。一歳八か月時の出張では、三日後に帰ったときは、すぐ私に抱かれた。

・一歳六か月―夜間、寝ぼけて私の乳を吸おうとしたので、胸をはだけてやると吸い付いた。が、しばらくたってパチッと目を開けて、母親ではないことに気づいて泣き出した。

・二歳二か月―私に甘えるようになった。

・二歳三か月―近所の五歳の男の子を気に入り、手をつないで嬉しそうに散歩した。しばらくたって、「茜、今度はお父さんと手をつなごうか」と誘うと、「イヤ」とあっさり拒否された。「まさとおにいちゃんがいいの！」と言い張った。

・二歳九か月―ビデオで映画『ジュラシック・パーク』を映すと、ティラノザウルスに関心を抱き、何度も観ようとする。母親が「茜、こわくないの？」とたずねると、「うん、おとうさんがいるから、こわくない」と答えた。

・二歳十一か月―来春入園する幼稚園の一日体験保育に行く。母親と離れて子どもたちだけで遊んでいたが、茜一人だけ不安になって泣き出し、部屋を飛び出して母親を捜し回った。

・三歳ゼロか月―父母が話をしていると、「おはなしやめて！」と何度も言い、母親の関心を自分に向けさせようとした。
・三歳三か月―幼稚園入園後、初めてのバス通園。バスに乗り込むとき、母親と離れたがらず、「おかあさんといっしょにようちえんにいく！」と泣き叫んだ。この状態が一週間ほど続いた。
・三歳四か月―母親との会話。「少しはお母さんから離れてよ」「いや、ママとずっといっしょにいるの！」「じゃ、幼稚園には行かないのね」「いやだー」
・三歳五か月―病気になって、ここぞとばかりに甘えが出た。母親が側にいないと甘えた声で泣いて呼んで、抱っこを求める。
・三歳五か月―幼稚園の先生が大好きになった。「おとうさんとはせがわせんせいでは、はせがわせんせいがすき」。でも、「はせがわせんせいより、おかあさんがすき」
・三歳七か月―母親が帰省したため、初めて母親と離れて終日過ごす。日中は特に変わりなく遊んでいたが、退屈なときとか眠くなったときに「ママー、ママー」と泣いた。夜も泣き続け、疲れ果てて寝た。何度か夜中に起きて、「ママ」と言いながら私のほうに寄ってきたが、母親でないと気づくとあきらめて寝てしまった。
・四歳ゼロか月―母親との会話。「あかね、あかちゃんがほしいな」「でも茜、赤ちゃんが生まれると、お母さんは赤ちゃんを抱っこしなくちゃいけないのよ。それでもいい？」「だめー」。しばらくしてから、「やっぱり、あかね、あかちゃんがほしい。そのときは、おとうさんがあかちゃんをだっこすればいい。あかねはおかあさんにだっこされるの」

・四歳二か月─母二度目の帰省。ずっと泣くことなく過ごした。しかし、布団の中では、常に体の一部を私にくっつけ、手を私の胸に置いたりした。

・四歳四か月─あの手この手を使って、母親に抱かれようとする。たとえば、車酔いをして吐きそうになり、母親に抱かれて介抱してもらったことに味を占めて、その後「はきそう、はきそう」と嘘をついて、抱いてもらおうとした。

・四歳六か月─一人で留守番ができるようになり、数十分母が外出しても大丈夫。

・五歳一か月─将来の別れを告げる。「あかねがおおきくなったら、おかあさんはおばあちゃん。おとうさんはおじいちゃん。あかね、およめさんになってバイバイね」

・五歳三か月─母親が三泊四日で帰省。その間、私と二人で過ごす。日中は平気だが、夜眠たくなると「しゃしんをみるとおかあさんをおもいだす」と言って涙ぐむ。ほんの小さな手の怪我を大げさに騒ぎ、箸が持てないといって、私に食べさせてもらおうとする。寝ているときに、私にすり寄ってきて、手を握って離さない。

・五歳四か月─私に身体的接触を求めてくるようになった。じゃれ合ったりふざけ合ったり、友達のように接してくる。私を立たせて「木になって！」と言い、よじ登ってくる。母とは違った形の接触を求めてくる（図２－３）。

図２－３　五歳四か月：父と娘

こうして過去のメモを見直してみると、安定した愛着が育ってきたように思えます。しかし、このように強く愛着行動を示す娘に応じる親は大変です。しつこく後追いをしたり、わがままな欲求を出し、しがみついてくる娘に私たちが逆上してしまい、手を上げたこともありました。たった一人の子どもなのに、適切な対応ができなかったのです。子ども一人といえども育て続ける親の労力は、膨大なものがあります。でも、このように日々関わり、受容しないと愛着という心は健全に育ちません。それをわかっていた私たちでしたので、大きな間違いをせずにすみました。そして、親として「絶対見捨てない」「この子と共に生きる」「丸ごと受け入れる」という決心が何よりも大切だったようです。これらの思いが子どもにも伝わり、私たちに対する絶対的な信頼感が培われていったと信じています。今では十二歳となった娘は、もはやこのような明らかな愛着行動を示すことはほとんどありませんが、心の絆は一層強まっています。その一方で、私たちに反抗し、自我を出すようになり、親離れが始まったようです。親の側も、子離れをしていかねばなりません。

さて、ボウルビィが構築した愛着理論によって、親子関係の生物学的重要性や発達上の意義が理解されるようになりました。今日においても、最も重要な理論と言えるでしょう。しかしながら、ボウルビィ自身、イギリスの中流家庭の伝統により、幼いころには乳母によって育てられ、七歳からは寄宿制学校に入り、実母との関わりが乏しかったために、母性を理想化する傾向にあったようです（Holmes, 1993）[16]。また、日本に愛着理論が紹介されて以来、親子関係、特に母子関係に限定して使用される傾向があります。これは、日本ではもともと母子密着が一般的だという育児文化をもっていて、母性を絶対的なものとする社会の偏向が存在しているからです。産みの親である母親の重要性を否定するわけではありませんが、愛着は血縁や性別とは関係なく形成されるものですし、そのほかの人びととの関係も子どもの発達には重要な意味をもっています。さまざまな関係性を取り上げた諸理論を次に紹介します。

B　さまざまな理論

まず、ハーロー（Harlow, 1971[12]; Harlow & Mears, 1979[13]）はアカゲザルの乳児の膨大な隔離実験を繰り返すなかで、五つの愛情系の存在を見出し、それらの愛情系がどのように発達していき、相互にどう関わっているかを論じました。ハーローは、愛情という言葉を他個体との結びつきといった社会的行動にまで使用して、広く解釈しました。その五つの愛情系は次の通りです。ちなみにボウルビィのいう愛着は（1）と（2）に相当します。

（1）子どもに対する母親の愛情。母性的愛情系。
（2）母親に対する子どもの愛情。子どもの愛情系。
（3）仲間同士の結びつき。仲間の愛情系。
（4）異性間の性的な、異性の愛情系。
（5）成熟した雄が子どもに対して示す、父性的愛情系。

五つの愛情系はお互いに独立しており、直接的因果関係はないとハーローは考えました。そして、各愛情系は独自の段階を経て発達していきます。しかし、母性的愛情系と異性の愛情系の二つの系は、独立していながらも関連があり、相互の発達に影響を及ぼすとも述べています。その理由として、母子間の愛着行動と異性間の性的行動には、抱き合う、愛撫するなどの共通の行動と、情緒的な高まりという共通の要素が含まれることが挙げられるのです。

ハーロー理論の特徴としては、母子関係を絶対視せず、ほかの人との関係性も重要だと考えている点にあります。つまり、初期には母子の愛情系が中心を占めて母子が密着して過ごしますが、その後には、子どもの探索欲求が強まり、ほかの人間、特に同年齢の仲間に興味を抱くようになると同時に、母親の側でも子どもを拒絶し始めるというように、両方の側で変化が生じて、母子間の関わりが初期の形態とは異なる様相へと発達的に変化するのです。したがって、そこでは将来の子どもの自立に伴う親子の分離――親離れと子離れ――を前提とした養育が営まれています。母子がいつまでも密着し

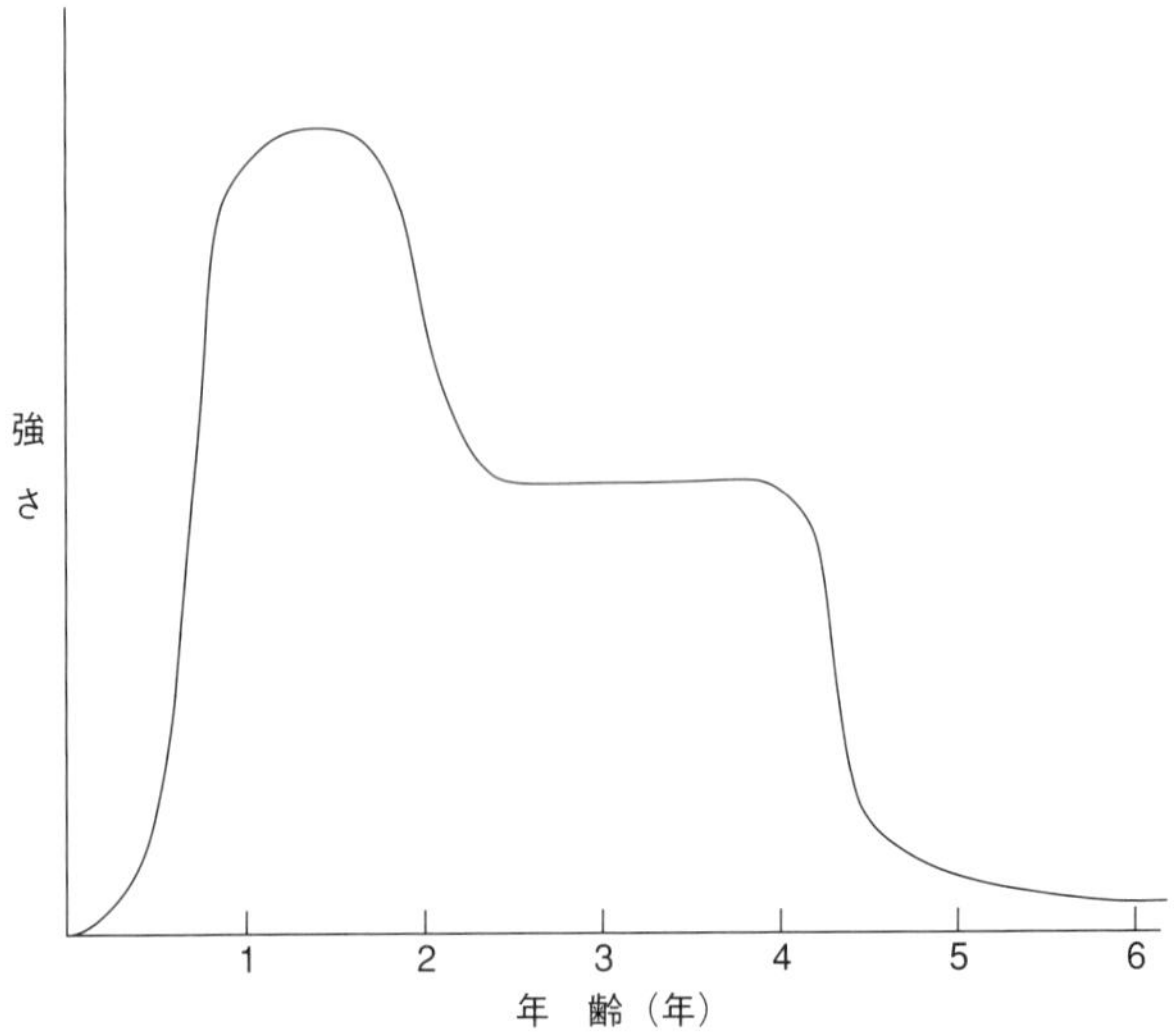

図２－４　分離不安の発達的変化（Bower, 1977[3]）

＊このデータは多くの研究から集められているので，描かれている曲線は分離不安反応の方向と変化の割合を一般的に示すものにすぎない。

すぎると、母子の愛情系が強くなりすぎて固着し、次に来るべき仲間との愛情系への移行、さらには異性との正常な愛情系の発達も望めないとハーローは主張したのです。

次にバウアー（Bower, 1977[3]）は、出生直後から新生児は周囲の大人と何らかのコミュニケーションを行なっていて、それは非言語的で、一般的には母親との間で成立するととらえました。そして、乳児と母親の間には二人だけに通じる特別のコミュニケーションが発達していき、独特の相互交渉が成り立っていくのです。そのため六、七か月になると、母親以外の大人とはコミュニケーションが成り立たず、不安や恐れを抱き、いわゆる人見知りを示すようになり、この現象は三歳過ぎまで続きます。しかし、四歳以上になると子どものコミュニケーション能力が発達し、誰とでも交流できる水準に到達して、分離不安が減少していくと考えたのです（図2－4）。

彼によれば、コミュニケーション能力は学習されるものであり、生後数年経過すると、この学習は困難になっていくと考えました。そのため、初期の絆の形成が重要なのです。養育条件がいかに悪い場合でも、乳児は備わったコミュニケーション能力を駆使して、不適切で歪んだ形であっても養育者との対人関係を発達させていきます。それでも、その後も修正される可能性があり、初期に不安定な愛着を形成していても、幼児期以降の人間関係で取り戻せるとバウアーは考えました。正しいコミュニケーションの学習を阻害する状況としては、乳児が放置されたり、養育者が次々に交替するような事態です。これがコミュニケーションの不成立をもたらし、将来には誰とも深い関係がもてない愛情欠損性性格を生み出す原因となるというのです。

さらに、ルイス（Lewis, 1979）[24]の社会的ネットワーク理論は、同時に複数の愛着を認める点で、ボウルビィの理論とは大きく異なっています。ルイスは、新生児がさまざまな結びつきをもつ世界、すなわち社会的ネットワークのなかに生まれると主張したのです。最初に結びつくのは母親ですが、すぐにほかの家族にも愛着を抱くようになり、多様な対人ネットワークが作られます。このことは国や文化の違いによって、大きく異なっています。母親だけが養育する場合もあれば、母親に祖母や兄姉が加わる場合、あるいは家庭外で保母が世話するケースも考えられるでしょう。そうしたなかに、伝統的母子関係として生後二、三年間、母親だけが乳児と関わる育児形態があり、それは多様な社会のなかでの一形態にすぎません。社会的ネットワークを構成するのはすべての人です。というのは、子どもが愛着の対象とするのはどの人物かわからないからです。そして、子育ては社会ごとに違っていて、社会や文化が変化すれば子育ても変化します。このような多様性と変容可能性の考えが、彼の社会的ネットワーク理論の底流に存在しているのです。

またルイスによれば、母子関係と仲間関係は生涯を通して互いに影響し合うと主張します。しかし、仲間関係は独立した道筋を通るのであり、初期の母子間の愛着は友人関係に影響を及ぼすかもしれないが、友人関係は母子関係によって直接決定されないと主張します。また、初期に子どもと母親の関係が良好でなくても、子どもと子どもとの関係がその代償として役立つかもしれないと考えました。仲間と良好な関係をもつと、親との関係性が貧弱であっても、それを補って後の社会性の発達に良い結果をもたらすかもしれないというのです。

C　その後の愛着研究の展開

ボウルビィの愛着理論に基づいて、実験室での体系的な観察研究を進めていったのがエインズワースたちでした（Ainsworth, et al., 1978）[1]。一連の研究では、一歳児と母親を実験室の中に入れて、そこに見知らぬ大人が入ってきたり母親が退室したりするという新奇な場面（ストレンジ・シチュエーション）を作り出し、一歳児が母親との別れや再会、そして見知らぬ大人とどのように関わるかを観察して愛着の質を調べました。その結果、（1）〜（3）までのタイプの愛着が見出され、その後の研究によって二つのタイプが加わり、現在五つに分類されています（Howe, 1995）[17]。

（1）安定した愛着――母親との分離に悲しみを示す。再会すると喜び、接触や慰めを求めるが、しばらくすると遊びに戻る。母親に対してしきりに働きかけをし、見知らぬ人人より明らかに母親を好む。母親は子どもからの働きかけに適切に応じ、子どものしぐさに敏感である。

（2）不安定で回避的な愛着――母親との分離では悲しみを示さない。母親が戻ってきても無視したり避けたりする。身体的接触を求めない。全体的に警戒心が強く、遊びに熱中しない。見知らぬ人以上に母親を好むこともない。母親は子どものしぐさに鈍感で無関心である。

（3）不安定で矛盾した愛着――母親と分離したときに悲しみが強く、再会してもなかなか機嫌が良くならない。母親を拒否し、泣きわめいたり、体をそらせたりして抵抗する。しかし、母親が立ち去ろうとすると、急いで後追いする。母親の注目を引きつつ、それに抵抗する。母親の対応には一貫性や応答性に欠けるものの、子どもを拒否しているわけではない。

（4）不安定で無秩序な愛着――母親との再会時には、混乱に陥り、意味不明の行動をとる。不安を解消する方法を知らない。母親と分離しても再会しても「固まっている」だけの場合もある。母親に抱かれても感情を示さず、視線を合わせない。子どもにとって、母親は自分を脅かす存在のようで、安全や慰みの対象とはならない。母親という愛着対象に近づくのが不安を引き起こすという葛藤を抱えている。

(5) 無愛着――母親と情緒的な絆を形成していない子どもである。精神病や薬物中毒などによって、母親に情緒的な対応がないために、愛着が形成されず、ネグレクト状態となっているようである。あるいは、乳幼児期を施設で過ごした子どもに多く見られる。この場合、問題がもっとも大きく、特に深刻なのが対人関係である。特定の大人を好むことはなく、自分の欲求を満足してくれれば、誰でもいいようである。どの大人に対しても無差別に表面的な親密さを示し、誰とでも関わろうとするが、深い関係をもてないので、無差別愛着ともいう。

以上の五つのタイプのうち、(2)~(5)までの不安定な愛着や無愛着は、虐待などの不適切な養育の下で育った子どもに見られることがわかっています。そして、今日では愛着障害の名の下に、その修復が図られているのです。

一方で、ボウルビィの愛着理論を批判する研究者が現われました。なかでもラター(Rutter, 1972)[30]は、的確な指摘を行ない、ボウルビィは自らの理論を修正していかざるを得なかったのです。ラターは、ボウルビィのいうように、子どもが特定の一人の人物、すなわち母親に、必ずしも愛着を抱くとは限らず、母親への愛着がほかの人物との結びつきと質的に異なるものではないと主張しました。また、実親と分離しても、その後、ほかの大人による愛情ある養育があれば、悪影響を減少させられるとし、反社会的行動・非行には、親の愛情不足とか険悪な夫婦関係や、家庭内の歪んだ人間関係が原因であり、親が反社会的行動をとるモデルとなっているとも述べています。そして彼は、長期的に見た場合には、愛着対象の喪失はそれほど重要でなく、むしろ乳児期における特定の養育者との愛着形成不全（無愛着）が大きな影響を与え、環境刺激の欠乏や不足が重大な悪影響を及ぼすと結論づけたのです。

ラターの考えでは、子どもの知的発達は幼少期と学童期のいずれも環境の変化によって影響を受けます。劣悪な家庭環境の下で育ってきた子どもが、その後条件の良い家庭に移されると、社会的・知的側面の改善が見られます。逆に、幼少期に良好な家庭で育ったからといって、その後の環境が悪ければ悪影響を受けるのです。心理・社会的発達は、子ども時代のどの時期においても環境の影響を受けるのであり、どの年齢段階でも経験は重要だというのです。そのうえで、ラターは母親以外の家族の存在が重要となり、もし母親が不適切な養育を行なっていたとしても、父親・祖父母・兄弟姉妹が補うと主張しています。そして、家庭外の環境を考慮する必要性を述べました。たとえば、乳幼児期に劣悪な家庭環境で育った子どもも、良い学校に入れば問題行動が少なくなるのであって、教師や同級生との良き関わりが、それまでの家庭での悪い育ちを補う可能性があるというのです。こうして、乳幼児期の経験が決定的ではないものの、社会性の発達上、特に重要だとラターは主張したのです。

最後にラターは、残存する大きな問題として、世代を超えた悪影響の繰り返し現象、いわゆる施設二世や世代間連鎖の問題に触れています。不幸な家庭に生まれ、劣悪な施設での生活を余儀なくされた子どもは、その後、反社会的問題を示すか情緒の歪みが見られ、不幸な結婚生活の果てに離婚する確率が高く、再びわが子を施設に送ってしまう確率が高いというのです。また、わが子を虐待する親の約半数が、不幸な子ども時代を過ごしてきたという研究に基づいて、今後の目標は、不幸な家庭に生まれた人や幼い時期に施設で育った人が社会人として自立し、結婚生活や育児を満足に行なえるように援助していく養育のあり方を追求することだと三十年前にラターは主張していたのです。

さて、施設での愛着形成がその後にどのような影響を及ぼすかを長期間追跡したのが、イギリスのティザードらでした（Tizard, et al, 1972[37]; Tizard & Rees, 1974[38]; Tizard & Hodges, 1978[39]; Hodges & Tizard, 1989a[14]; 1989b[15]）。良好な愛着が形成されるには、子どもと養育者が生活を共にして、長期間関わり続ける必要があるため、次々と職員が交代する施設では、安定した愛着の形成が困難でした。そのため、施設で育った子どもは、特定の大人との継続した関係性がないために、見知らぬ人にでもなれなれしく振舞うとか、表面的な人間関係しかもてないという、社会面の歪みが見られていたのです。この現象を長期間にわたって追跡調査するため、彼らはイギリスの十三の児童施設で生活する八十五人の子どもたちを対象としました。その養育体制は施設間で異なり、病院型から家庭型まで多様でしたが、その一方で共通しているのは、交代制勤務で複数の職員が養育に携わっていたり、住み込み勤務であっても職員が数年で代わったり、職員と子どもとの安定した永続的な愛着関係が保障されないという点でした。乳児期から次々と職員が交代していくなかで成長し、結果的には平均して五十人の職員に育てられ、その後は養子縁組や元の家庭へ引取りとなったのです。こうした追跡調査をすることによって、親代わりの職員と永続的な愛着関係がもてないなかで、子どもたちがどのように成長していったかがわかったのです。

当時のイギリスの児童施設は、世界的にトップレベルの養育を行なっていましたから、知的発達には遅滞は見られませんでした。しかしながら、対人関係にはさまざまな歪みが見受けられたのです。つまり、特定の大人との愛着が十分に育っていないために、二歳の施設児は家庭児より接触要求が強く（Tizard, et al., 1972）[37]、四歳になっても誰にでも抱っこを求める傾向があり、見知らぬ人の注目を引こうとなれなれしく振舞ったのです（Tizard & Rees, 1974）[38]。そして、八歳の学童期になると、家庭児との違いが顕著となり、学校で注目を引こうとし、落ち着きや従順さがなく、同級生や教師からは好ましく思われていませんでした（Tizard & Hodges, 1978）[39]。
三、四歳のころには、子どもたちの何人かは親元に帰ったり、養子縁組し、残りの何人かは施設にとどまりました。そうした子どもたちを十六歳の時点で調べると、次のような特徴がありました。
まず、知的能力は平均的で、施設体験の直接的影響は見られませんでした。ただし、施設に長く留まっている子どもより、親元に戻ったり養子縁組したりする場合のほうが高い知能指数を示していました。しかし、どの子どもにも、①子どもより大人との関係を好む傾向にある、②仲間との関係づくりが苦手である、③親友をもちにくい、④不安なとき、仲間に精神的サポートを求めようとしない、⑤友だちの選択にあまりこだわらない、という対人関係上の問題があったのです（Hodges & Tizard, 1989a[14]；1989b[15]）。これは、家庭復帰や養子縁組した子どもでも同様でした。

こうした追跡調査からわかったこととして、ホッジスとティザード（1989a[14]；1989b[15]）は、生後数年間、施設のなかで養育者と安定した愛着関係を形成できなかったことにより、その後の学童期や思春期まで一貫して対人関係上の問題を引き起こしたのだと主張しました。特に、施設で生活し、特定の大人と安定した愛着関係を築けないまま四歳前後に養子となった子どもたちは、養親との間に親密な関係性を形成しているにもかかわらず、学童期では反社会的な問題行動が生じていたのです。そうした社会性の歪みは、養子縁組や家庭引取りでも改善せず、成人後もさまざまな対人関係上の歪みをもったまま社会生活を送らざるを得ないことを予想させました。もちろん、すべての施設児に問題行動があるわけではなく、その割合が高かったという結果でしたが、高い割合を示しているという事実を受け入れなければなりません。

施設養育の限界を示したこれらの研究にも影響されて、イギリスでは、子どもと生活を共にする養育者を代えないで、養育の永続性を保障する計画（パーマネンシー・プラン：permanency plan）が児童福祉に取り入れられていき、施設での養育ではなく、できるだけ家庭に復帰させるように支援したり、早期から養子縁組や里親委託を勧めたりするように転換していったのです。

ところで、もともと孤児院のホスピタリズム研究から入ったボウルビィが、愛着理論を確立していったなかで、絆や結合という親和的側面を強調したのは、親子関係上の問題に苦しむ子どもたちの臨床的治療に必要だったからです。事実、ボウルビィは、愛着理論は臨床家が情緒障害をもつ子どもとその家族を診断・治療するためのものだったが、主として発達心理学の領域で発展してきたのは予期しないことだったと述べています（Bowlby, 1988）[6]。

愛着理論が発達心理学に導入されたときに、良好な養育がなされている家庭にもそのまま当てはめられ、絆や結合だけを重視する偏った方向に進んだのです。そして、かつては発達心理学の対象が乳幼児に集中していたのも、親和性を強調する一因となりました。しかし今日では、研究対象が児童や青年、さらには成人や老人にまで拡大していき、養育上の分離や自立の側面が発達的に理解されるようになってきたのです。

ボウルビィは、主要な愛着対象（一般的には母親）との関係性によって、子どもの心のなかに「必要なときにいつも来てくれて、信頼できる大人」といったイメージが形成され、それがその後のさまざまな対人関係（たとえば父子関係、仲間関係）に影響を及ぼし、子どもの生涯にわたる発達を決定づけると考えました。人は産まれたときから死に至るまで、複雑で多様な人間関係のなかで生きていますが、その基盤が乳幼児期に形成される養育者との愛着です。そして、この愛着がその後の対人関係やさまざまな精神発達に影響を及ぼすと彼は主張したのです。

しかし、その後の実証研究が示してきたのは、母子関係の愛着の質と、それ以外の愛着関係が必ずしも一致していないということです。つまり、母子関係が不安定であっても、良好な父子関係や仲間関係が形成されている場合があります。最初の愛着対象となる母親との間に安定した関係がつくれなくても、その後に愛着を超えた関係性である、母親とは違う大人との関わりや、兄弟姉妹や仲間との関係が重要視されるようになったのです（Dunn, 1993[8]; Rutter & Rutter, 1993[32]）。こうした考えの元は、ハーロー、バウアー、ルイスの諸理論にすでに見受けられていました。

今日、愛着の概念は膨大な研究によって検討されてきて、人の生涯にわたる関係性として、広くとらえられるようになりました。場合によっては、愛情（affection, love）と区別されずに使われています。しかし、もともと愛着とは、乳幼児が特定の大人の下に留まることにより、安全を確保するための生物学的特性を意味していました。この愛着概念の中核的特質を重視し、愛着対象による保護への信頼感という意味で、愛着を限定して捉えるべきだと私は考えます。乳幼児期の養育者との関係性に限定して使用したほうが、愛着の重要性を正当に評価できるのではないでしょうか。

3　虐待の世代間連鎖

虐待を受けてきた子どもが、後に自分が親になったとき、わが子に虐待行為を行なってしまうという虐待の世代間連鎖は三〇～五〇％生じることが知られています（Egeland, et al., 1988[9]・西澤、一九九七[25]・渡辺、二〇〇〇[40]）。

この現象を防ぐためには、被虐待の当事者が、①虐待の辛さを情緒的に振り返る内省的自己を育み（渡辺、二〇〇〇[40]）、虐待の事実を受け入れる（Hunter & Kilstrom, 1979[18]；Egeland, et al., 1988[9]）ことと、②安定した信頼関係の下に支えてくれる人を得る（Hunter & Kilstrom, 1979[18]；Egeland, et al., 1988[9]；Steele, 1986[35]・藤森、一九九九[10]）という二要因が必要だと考えられています。子どもを虐待する多くの親の特徴は、社会的支援がなく、孤立して困難な人生を送っていますから、親密で信頼できる人間関係を誰かと結ぶことで、虐待の世代間連鎖を断つ可能性があるのです。

施設で育った女性についての研究によると（Rutter & Quinton, 1984）[31]、夫婦間の支え合いの有無が子どもの育児に大きく関係していることがわかりました。たとえば、アルコール依存症や薬物依存症、そして精神障害の夫をもった場合は、妻を支えることはなく、適切な育児ができません。また、貧しい居住環境では、育児のあり方も劣悪でした。しかし、良い夫を得ると、かつてその女性が体験した施設生活の悪影響を跳ね返したのです。

また、いわゆる「施設二世」という言葉で表わされるように、施設で育った人がわが子を自分で育てられずに、再び施設に預けざるをえないという、世代を超えた悪影響の循環現象があります。これは、ネグレクトの世代間連鎖ともいえるでしょう。親としてわが子を育て続けるためには、異なる性（夫と妻）と異なる年齢（親と子）の家族間で適切な対人関係を営む能力が求められます。そのために、異質な他者と長期間関わる社会的能力を習得していなければ、次世代を育成することも不可能となります。施設で育った彼らの社会的自立を援助するためにも、日常の生活のなかで培われる健全な対人関係能力の習得が大変重要となるのです。

ここで、特殊な世代間連鎖を紹介します。それは、児童施設内での連鎖です。一人の児童指導員がいます。彼は十九年間子どもの養育に携わってきましたが、新人時代は子どもを殴るのが躾《しつけ》だと先輩から教えられ、その通りにしてきました。そのためか、当時は施設からの脱走が多く、学校や近所で悪さをした子どもたちが、施設に戻ったら殴られるからと、どこかに姿を隠してしまい、職員が探し回ったようです。

当時の施設は、十五畳の部屋に八人が寝る大部屋での生活でした。そのころ彼は、生後間もなく乳児院に預けられ、施設でずっと成長してきた男の子を、中学三年から高校三年まで担当しました。その間ずっと、その男の子を殴って躾けたわけです。高校を卒業後、仕事に就き、五年前に結婚した彼は、娘と妻を連れて施設に里帰りして、その職員に子どものことをいろいろ話してくれました。今では二歳になる娘を可愛がっているものの、だんだん言うことを聞かなくなってきた娘を前にして「やっぱり、叩かないとわからないんですよね」と話したので、職員はショックを受けました。同じころに施設で育った女性もわが子を前にして、「何発か叩くとおとなしく寝てしまう」と語ったそうです。

以前は、職員が住み込んでいて子どもとの関わりが密だったので、施設の子どもにとっては親同然でした。ですから、かつて施設で自分が親代わりの職員に育てられたように、今はわが子を育てているのです。

今日ではその施設は、職員による体罰は厳禁という方針を守っていますが、体罰を正当化していた時代に育った子どもたちが、今は親として子どもに接する姿を見るにつけ、その職員はやるせない気持ちになるのです。

4　愛着障害の実際

今日では、愛着の概念により、多くの現象を統一して説明できます。つまり、かつてのホスピタリズムは、大人からほとんど世話されることなく放置されていたために、特定の大人との間に愛着が形成されず、子どもたちは死に至ったり、心身の発達に重大な遅れが見られたのでした。ティザードらの追跡調査が明らかにしたのも、安定した愛着が形成されなかったために、対人関係上の問題が生じたのだといえます。

先ほどのエインズワースらの愛着分類（六三－六四頁参照）に従って、子どもと養育者間の愛着を見てみます。（2）～（5）までは、さまざまな虐待やネグレクトなどの不適切な養育や親子関係の不全によって生じたものです。特に（5）のタイプは、家庭でも施設でも他者と情緒的な絆を築く機会のなかったネグレクトの子どもたちに特徴的で、発達上の問題が数多く生じます。なかでも深刻なのが、ティザードらの一連の研究が示したように、対人関係の問題であり、誰とも心のつながりがもてないまま、次々と付き合う人を代えていく病理的性格を帯びてしまうことです。さらなる歪曲した愛着として、攻撃型愛着（養育者に暴力を振るう形で関わりをもつ）や役割逆転型愛着（親のほうが子どもに依存していて、子どもが親の役割をとる）なども知られています。

こうした不安定な愛着や無愛着のことを、今日では愛着障害（Attachment disorder）と呼んでいます。愛着障害は、アメリカ精神医学会が発行した『ＤＳＭ－Ⅳ－ＴＲ精神疾患の分類と診断の手引』[2]で、反応性愛着障害（Reactive attachment disorder）として紹介されました。それは、親（養育者）が子どもの基本的な欲求を無視したり、虐待などの不適切な行ないを繰り返したりすることなどや、放置して世話をしないとか、養育者が何度も代わることにより生じます。その結果、子どもは見知らぬ人にもなれなれしく振舞う一方で、特定の人物と安定して継続した関係がなかなかもてなくなります。また、自制心に乏しく、衝動的で、恐怖感や不安感があるために、適切な感情表現ができません。加えて抑うつもあるので、心から喜べないし楽しめません。自分を傷つけたり、自信のない態度も示します。その一方で、反抗的、破壊的な行動が目立ち、嘘、盗み、物を壊す、人を攻撃するなどの反社会的行動を起こしやすくなります（表２－１）。ここで、里親に預けられた二歳七か月の男児が示した愛着障害の様子を紹介します（「シドさんの里親のホームページ」）。この子どもの場合は、愛着の分類では、（５）の無愛着に相当すると思われます。

叱ると固まり、大人を睨みつけます。特に妻を馬鹿にして、言うことをいっさい聞きません。そのくせ、ベタベタと触ってきます。心が通じ合っていないのに、ベタベタと触られるのは、とても辛いものがありました。

人によって態度を変えるのも顕著でした。外に連れて行くと、初めてあった人でも、抱っこをせがみ、ニッコリと天使の笑顔で笑い、自分から頬ずりをし、あまつさえキスまでします。人見

表２－１　幼児期または小児期早期の反応性愛着障害

A．５歳以前に始まり，ほとんどの状況において著しく障害され十分に発達していない対人関係で，以下の(1)または(2)によって示される。
　(1)　対人的相互反応のほとんどで，発達的に適切な形で開始したり反応したりできないことが持続しており，それは過度に抑制された，非常に警戒した，または非常に両価的で矛盾した反応という形で明らかになる。
　(2)　拡散した愛着で，それは適切に選択的な愛着を示す能力の著しい欠如を伴う無分別な社交性という形で明らかになる。
B．基準Aの障害は発達の遅れ（精神遅滞のような）のみではうまく説明されず，広汎性発達障害の診断基準も満たさない。
C．以下の少なくとも１つによって示される病的な養育：
　(1)　安楽，刺激，および愛着に対する子供の基本的な情緒的欲求の持続的無視。
　(2)　子供の基本的な身体的欲求の無視。
　(3)　主要な世話人が繰り返し変わることによる，安定した愛着形成の阻害。
D．基準Cにあげた養育が基準Aにあげた行動障害の原因であるとみなされる。

（American Psychiatric Association『DSM－Ⅳ－TR 精神疾患の分類と診断の手引』[2] 高橋・大野・染矢訳，2002, pp. 70－71.）

知りをしないのは、相手にとっては嬉しいことですが、懸命に世話している私たちの目の前で、そのような態度をとられるのは、私たちが不要だと言われているような気になりました。

（中略）

ほかの人たちは、初めて会ったにもかかわらず、ベタベタと甘える子どもを見ても変だとは思わないようでした。カリカリする私たち夫婦に、「人なつこいいい子じゃない」と、暗に私たちの我慢が足りないかのような言葉を投げかけます。

（中略）

子どもの問題行動に振り回されず、堂々としていようとしていても、そのすさまじい試しともとれる行動は、私たち夫婦を揺さぶり続け、時には子どもが悪魔に思えることもありました。

最近の脳神経学が明らかにしたところでは、脳が最も発達する乳幼児期に、不適切な育児を受けたり、育てる人が頻繁に替わったり、誰からも世話されず放置されていると、感情の調節や母親の顔に反応する脳の部位が十分育っていないことがわかってきました。親（養育者）から抱っこされたりあやされたりしないと、乳児の脳神経、なかでも前頭葉が小さいなどの大脳の発達不全が認められています（西澤、二〇〇三[26]）。こうした病理を修復するためには、子どもを抱っこし、微笑を交わしたり、会話し、さまざまなコミュニケーションを交わすことが求められます。そこでは、子どもが大人との関わりを好ましく思い、触れ合うことが気持ちよくなり、安心を抱くように、長い時間をかけて、それまでの誤ったコミュニケーションを修正していかなければなりません。そして、それを日常的に行なえる、「一人以上の永続的な特定の愛着対象」となる養育者の確保が何よりも求められます。

また、虐待などのひどい体験を繰り返し被ることによって強いストレスを受け続けた人には、「ほかに特定されない極端なストレスによる障害」（Disorders of Extreme Stress Not Otherwise Spesified : DESNOS）があると、アメリカのDSM‐Ⅳ作成委員会によって基準化されています（藤岡、二〇〇一[11]・西澤、二〇〇三[26]）。暴力や暴言によるひどい虐待的環境が強いストレスをもたらすことにより、感情調整機能に乏しく、注意や意識に異常を示すとともに、とても子どもっぽく、他者との人間関係がうまくとれないなどのさまざまな問題を抱えた人となります。最も深刻なのが人間関係の歪みで、基本的信頼感の欠如、再被害化傾向、そして加害性が含まれています。そのため現在では、DESNOSが被虐待児の全体像を把握するのに最も適していると主張されているのです（西澤、二〇〇三）[26]。

第3章 施設養育の問題と課題

1 発達保障の観点から児童施設をみる

今日の日本が少子国家だとはいえ、毎年百万人以上の乳児が産まれてくるなかにあって、全員が幸せな星の下に出生するわけではありません。望まれない出産、親の死亡や重い病気、あるいは両親の離婚や家出などによって、家庭で育てられない子どもたちは絶えません。こうした不幸な乳児は千人に一人くらいの割合ですが、それでも日本全体では千人以上もいるのです。最近では、虐待をはじめとした家庭養育上の問題によって心身ともに傷ついた子どもたちが多数保護されています。そうした子どもたちを家族に代わって育てる場所として、乳児院や児童養護施設が存在しています。その他に、情緒障害児短期治療施設や児童自立支援施設に入所する場合もあります。

日本の児童福祉施設は、第二次世界大戦後に今日の形となりました。敗戦後、連合国軍総司令部GHQの厳しい指導を受けて、戦前は孤児院で一括して保護されていたのが、乳児を保護する乳児院と幼児以上の子どもが生活する養護施設（現在の名称は児童養護施設）との二つの施設へと分離したのです。当時は、栄養失調や感染症による乳児の死亡率が非常に高く、乳児の生命を守るために乳児専用の施設が必要とされました。しかしながら、乳児院はあくまで戦後処理の一時的な施設であり、乳児のみの施設という分類収容には多くの問題がありました。その当時、アメリカでは乳児院という施設形態は否定され、保護が必要な乳児は里親に委託されていたのです。実際、GHQの公衆衛生福祉局長で福祉部門の最高責任者であったサムズは、戦災孤児といえども施設で生活することは好ましくないと考えていました。彼は、日本の子どもたちの生命を守るために、とりあえず施設に収容する方法をとらざるを得なかったけれども、その次の対策は子どもたちを養育する里親を見つけることだと述べていたのです（社会福祉研究所、一九七八[11]）。

こうして、GHQの影響を強く受けた形で、乳児院と養護施設ができました。そして乳児院は一歳までの乳児を保護し、感染症を予防して栄養失調の改善を主目的とした病院型施設として運営を始めました。一方、養護施設は一歳から十五歳までの戦災孤児や引き揚げ孤児中心の施設となり、年齢によって分けられた二種類の施設が存在することとなりました。そのため、乳児から長期にわたって施設入所する子どもの養育が一貫しないという問題をはらんでしまいました。敗戦国という当時の状況からして、GHQの強力な指導は仕方がありませんでしたが、その後、わが国が児童福祉施設の根本的改善を行なわなかったことが問題なのです。特に、乳児院では医療的管理を重視して精神衛生への配慮が不十分であり、ホスピタリズムを予防するために不可欠な、職員と乳児の人間関係を保障す

表３－１　各研究者が提唱した理想的な養育形態の一覧表

	瓜巣（1950）	堀（1950）	ボウルビィ（1951）	谷川（1954）
一集団の人数	最大７人まで	最大９人まで	最大８人まで	最大８人まで
集団の構成	男女合同	男女合同 異年齢	男女合同 異年齢	男女合同 異年齢
職員の条件	子どものいない夫婦。 あるいは保母２人＋指導員１人	保母１人＋助手	父母的人物となる夫婦。 あるいは未婚の保母	夫婦＋助手１人
居住形態	家庭的小舎制 ２軒で一組	家庭的小舎制	小舎制	小舎制ホームシステム

（金子，1996）[5]

る養育体制ではなかったと言わざるを得ません。

二十世紀のはじめに、ファウントラーやチャピンが、乳児に対する愛情ある養育の重要性に気づいて以来、その科学的・実践的検討が行なわれ、すでに一九五〇年代の前半に、内外の研究者が理想的な養育形態について、共通した提言を行なっていました（瓜巣、一九五〇[13]・堀、一九五〇[3]・ボウルビィ、一九五一[1]・谷川、一九五四[12]）（表３－１）。いずれも家庭的な形態を主張し、一グループの人数は七、八人までに抑え、それも男女混合で、乳幼児から青年期までさまざまな年齢の子どもたちからなるグループ構成を主張したのです。そして、住み込みの職員と生活する場としては一戸建ての小舎制が共通点として挙げられました。

このなかでボウルビィは、一九五一年の時点で子どもの精神衛生上望ましい児童福祉のあり方を示しているので詳しく紹介します。まず、彼は親元で暮らせない子どもには里子・養子縁組が望ましいとして、施設養育は悪影響をもたらすから避けるべきだと主張しています。しかし、里子・養子が望めない子どももいるので、施設の存在も欠かせません。その際には、養育環境を十分考慮しなくてはならないと彼は主張し、次のような施設のあり方を提言しました。つまり、一戸建ての家（小舎）で、生活する子どもの人数を八人未満の小人数とし、兄弟姉妹関係となるようにさまざまな年齢構成で男女が共に生活を送り、そのうえで父母の役割を果たすような職員を各グループに配置します。これにより、家庭的雰囲気が得られるばかりでなく、兄弟姉妹間の豊富な人間関係を経験して社会性が育っていくのです。子どもたちを世話するのは夫婦職員ですが、適切な夫婦が見つからない場合には、女性一人を養育者にすることになります。しかしながら、むしろその方が良いかもしれないと彼は述べています。つまり、代理母親は子どもたちだけに愛情を注ぎ、行き届いた世話を行なえるでしょう。もちろん、父親の存在は子どもたちの成長において、重要な役割を果たしますが、良い父親ばかりだとは限りません。母親を煩わせる男性は、むしろ子どもたちにとって弊害となります。母親役の職員一人だけの負担は大きいでしょうが、専門的知識や技術を習得していれば十分可能だと考えられます。

ボウルビィによれば、なによりもまして大切なのは、愛情を求めている子どもとの間に、親代わりの大人が温かい人間関係を築こうとする心構えなのです。そして、一日何時間の労働といった考えではなく、養育者と子どもがお互いに心から喜んで関わることが重要だと彼は主張しました。子どもは職員と一体だと感じ、職員もまた子どもと共にいることに喜びを抱くからこそ、母親代わりの職員は子どものために献身的な養育ができ、それが深い絆の形成につながるのです。

ところでボウルビィは、「どんな悪い家庭であっても良い施設にまさるという主張は決定的なものではなく、どの程度悪い家庭か、どの程度良い施設かが問題である」と著作のなかで述べていますBowlby, 1951[1]; Bowlby, 1953[2])。この当時においても、家庭児と施設児との発達指数には差が見られない調査結果が得られていたのです。そして、ボウルビィは「悪い家庭より悪い事態がありうる。すなわち家庭がないことである」と続けました。彼によれば、家庭がないというのは家屋の不在ではなく、親密で継続的に関われる親子関係がないことです。子どもにとってどんなに悪い親であっても、一緒に暮らしているかぎりは、他人がどう思おうとも、子どもは愛着を抱いているのです。ひどい虐待を受けていても、ゆがんだ形で愛着が形成され、子どもは親にしがみついていきます。一方で、どんなに設備の整った施設で多くの職員がいたとしても、養育する職員が次々と代わり、誰とも親密な絆を形成できなければ、最も悪い状態に陥るのです。子どもと絆を形成する職員がいなければ「家庭がない」のであり、悪い家庭より劣るのです。このことは施設養護を考えていくうえで、非常に重要な点です。しかしながら、逆を考えれば、施設で親に代わる職員を置き、子どもが継続的に愛着を抱けるようにすれば、悪い家庭より優ることがありうると解釈できるのです。

その後、ティザードらが追跡調査して明らかにしたように（第2章）、どんなに生活環境が豊かで多くの職員がいても、特定の養育者との継続した絆が保障されないと、幼児期から児童期、そして思春期にかけて社会性や人格の歪みが起きると認められたことからも、養育者と子どもとの継続的絆の保障は不可欠なのです。

日本では、家庭で養育されない子どもたちの大多数は乳児院や児童養護施設に入所し、里親に預けられるケースはごく少数にとどまっています。将来的には、里子委託に転換していかなければなりませんが、里親の急速な増加が望めない現状では、当面は各種児童施設で子どもを保護する必要性があります。そこでは福祉の資格を持った専門の職員が住み込みや交替制勤務で、年中無休の養育を行なっています。しかし、たとえば乳児院では、二十四時間の保育を年中無休でこなすために、交替で休息をとりながら、夜勤もこなすという厳しい勤務についていて、一人ひとりの乳児への対応が不十分で、終日集団で養育される乳児の精神的安定が得られない状況にあります。乳児院の職員配置は二十数年間変わりなく、日中一人の職員が四、五人もの乳児を養育しなければならず、その養育環境は心理面への配慮に欠けています。さらに、児童養護施設では、職員一人が十人以上の子どもを世話せねばならず、子ども一人ひとりへの配慮はさらに望めない状況です。また、組織としての施設のなかでの、養育に携わる職員の人間性喪失という問題、つまり大勢の子どもたちに機械的で画一的な対応しかできず、子どもよりも上司や同僚に気を遣う職員の現状があります。そうした施設の集団保育に対して、長年乳児院に勤務した金子 保（一九九四）[7]は、「このように、組織のなかに埋没し自己を喪失し、人間喪失状態にある保育者に、われわれの乳児を託するわけにはいかない。また、そうした組織の管理を保育と考え平然としている乳児院の経営者は、これを問題にせざるをえない」と鋭い批判を加えています。

過去には、乳児院で育った子どもには、ホスピタリズムという悲しい現象がみられていました。それは、乳児院などの施設で長く生活を送る子どもたちの心身の発達が遅れたり、さまざまな異常な行動が見られるというものでした。今日ではひどいホスピタリズムは解消されましたが、それでも絶対的に人手が足りず、しかも多くの職員が入れ代わり世話をするために、乳児たちは特定の大人と愛着を形成できず、言葉の発達が遅れ、人見知りがなく誰にでも抱かれたがる、といった対人関係に歪みのある子どもになっていくのです。すべての子どもではありませんが、継続的な人間関係を維持できない病理的性格、つまり愛着障害的な問題があるのです。そして子どもたちは施設に入所する前に、家庭でさまざまな傷を負っています。その傷を修復するための治療も不十分なままです。また、年齢や性別でグループが区分されているために、実の兄弟姉妹が一緒に生活できません。エドワードさんの場合、二人の兄、姉、そしてエドワードさんと、三か所に離れ離れにさせられました。

今日、乳児院や児童養護施設で強調されるのは自立支援です。つまり、施設を退所した後に、社会的に自立して生活を送り、仕事を続ける能力を施設内で育てることが求められていますが、職員が絶対的に不足している現状では、一人ひとりへの自立支援が十分されず、生活能力を身につけないまま社会へと出て行かなければなりません。第1章で紹介したドラゴンさんもそうした一人でした。彼女の手記からその様子をみてみます。

▼二十代、恋人との共同生活で

アルバイトから帰ったら、夕飯の支度。当たり前の日常のなかには、ドラゴンにとっての初体験が、山ほどあった。仕事については、想像出来る。しかし、日常生活のなかの、特に家庭生活に於けるノウハウ的なものは、ドラゴンの脳味噌には、蓄積されていなかった。いくら、腕を組んで天井を仰いでも、知識は、何処からも降ってこなかった。明らかに、何も教わった事がないのである。取りあえず回した換気扇が、ボワンボワンとこだまするなか、彼女は放心状態だった。

料理はレシピを元に作るという基本的なことは、ドラゴンのなかには存在せず、どうあがいても、怪しい魔女の夕餉（ゆうげ）風スープが食卓にのぼる。彼が、恐る恐るかき分ける、不透明なだし汁の正体は、ドラゴンにだって分からない。食べられる物を、食材として選んだ筈なのだが……。

「？…？…？…？」救いを求めるような彼の表情に対し、彼女は冷静に答えた。

「それは、見てくれは悪いけど、とても健康に良いから食べようね」と。彼が不審に思おうと、どうしようと、料理が出来ないとは、なかなか言えなかった。こんなことで、見栄を張ってもしょうがないのだが、ドラゴンはちょっと見栄を張ってみたかった。ほんの少し前まで飢えていた人間に、料理をつくる発想は無かったようで、選ぼうとする食料は、菓子パンやバナナなど、その場で食べられる物ばかり。ふと、気がついて、素材としての食料を選び直すのだが、こればかりは、なかなか慣れなかった。

包丁は研がなくてはならない。ドラゴンが扱う包丁は、見事に切れなかった。だから、指を間違えて切っても、怪我をしなかった。ある日、ドラゴンのいない間に、彼が包丁を研ぎ、ドラゴンは指を切ってしまった。文句を言う彼女に対して、彼は呆れたように答えた。

「包丁は、研がなくてはならない道具なんだ」と。

彼が、ドラゴンに教えてくれる外の世界には、とても不思議な掟があった。車に乗ること、電車に乗ること、男の車にはやたらに乗らないこと、「どうぞ、ごゆっくり」と言われたら、あまりゆっくりしすぎないこと、「たくさん召し上がれ」は「遠慮がちょうどいい」などなど。本当に、頭がパニックに陥りそうだった。普通の家の子は、大抵これらのことを、家でゆっくりと教わったに違いないのだ。二十代も半ばだというのに、困ったことに、ドラゴンは生活の仕方を知らなかった。施設の独特な世界が、すべてだった彼女にとって、それはまた、別の意味で厳しい世界でもあった。だからこそ、彼はドラゴンを教育しようと、決めたらしい。何も知らず、何も出来ず、ボーっとしているドラゴンの横で、彼は、熱い思いをもったことだろう。

次の問題点としては、これまでの児童福祉法では、ゼロ歳から二歳前後までは乳児院に入所し、それ以後は児童養護施設に移るとされていることが挙げられます。このため、愛着対象を強く求めて分離不安の高い二歳前後に（第2章の図2－4）、親代わりとして育ててくれた職員や兄弟姉妹のように生活してきた仲間から引き離されて（措置変更）しまいます。私が乳児院職員として付き添った措置変更の実際を紹介します。

育ててきた子どもが二歳を過ぎると、児童養護施設に移らなければならない日がやってきます。幼子はそのことを知る由もなく、私と共に遠足気分で出かけ、新しい施設に着くのです。児童養護施設の職員へ引継ぎを行なった後、子どもに気づかれないように、そっと私は帰ろうとします。置き去りにされたと気づいた子どもは泣き叫びますが、私は後ろ髪を引かれながらも一人帰っていくのです。わが子を捨てざるをえない親の心はこのようなものなのかと思ったものです。幼子は再び、捨てられたのです。これが措置変更の姿です。ずっと育ててきた担当職員にとっても辛い出来事で、担当児がいなくなった後、数か月も寂しさと悲しさで落ち込みます。こうした措置変更のあり方には子どもの心への配慮がないと、私は付き添うたびに憤りを覚えました。

こうした状況は、愛着の形成からみて大きな問題をはらんでいるので、施設職員であった私は、施設体制を根本的に変える必要性を痛感しました。一九八五年当時、私が勤務していた社会福祉法人広島修道院では施設総合移転の計画がもちあがり、それまでの養育形態を全面的に見直すことになりました。特に、乳幼児期に親代わりの担当職員との継続的な愛着関係を重視するために、乳児院と児童養護施設を統合して、ゼロ歳の乳児から四、五歳の幼児までが生活する「乳幼児ホーム」体制とし、少人数の家庭的雰囲気のなかで生活できるように建物を考え、基準を超えた施設設備を整えるなど、環境全般を改善したのです（金子、一九九三[4]、一九九六[5]・Kaneko, 1997[6]）。

移転前の乳児院は、一九八〇年代では全国の平均的な養育水準であり、標準的乳児院でした。その当時の状態は、一クラス約二十人という集団養育のなかで、一律の生活を送り、生活体験も限られており、数人の職員が約二十人の子どもたちを平等に養育していました。そのため、入所児には少し発達遅滞が見られ、見知らぬ人に平気で近づいていくなどの対人関係上の歪みが認められていたのです。全国の乳児院に共通することとして、医療面や安全面を重視する一方で、精神衛生や積極的保育に対する配慮に欠けていたといえましょう。

2　乳幼児ホームの実践から考える

そうした状況から広島乳児院は、新生児から四、五歳児までの乳幼児が生活し育つ場として、総合移転を契機に施設を整備し、養育内容の大幅な見直しを図ることになりました。新しい体制の施設をつくるにあたって、理事長・院長をはじめとした施設役員が旧厚生省や県・市へ度重なる陳情と説明に訪れ、粘り強い交渉を続けたのですが、理解を得るのは困難を極めました。

同時に、施設内では三年間にわたって計七十回に及ぶ移転問題の会議を実施し、勤務が終わった夜間に職員が集い、望ましい養育環境について検討を重ねていったのです。私は委員の一人として、何度も計画案を作成し、愛着研究の知見を踏まえた乳幼児一貫養育案を提示しました。しかしながら、職員の同意が得られず、「そんなことができるはずがない」「理想的過ぎる」「職場環境が変わり、職員が動揺する」などの反対意見が相次いだのです。反対者は八割を越えていたでしょう。それにもかかわらず、私の案が採用されて実行に移されたのは、施設長の理解と後ろ盾であり、私は安心して学問的な裏づけによる説明を行なえたのです。

もともと、施設長の河野澄子氏は、乳児院と児童養護施設が分離している状況が問題だと考えていて、「乳幼児院」構想を長年温めていたのでした。さらに遡れば、先代院長の北村孝義氏は、第二次世界大戦後、児童養護施設と切り離して乳児だけを保護する乳児院を設立せよと強い指導を行なったGHQに対して強固に抵抗し続け、GHQ担当者から「石頭」と呼ばれたのです。

さて、総合移転に際して、私は世界の乳児院について調べましたが、どの国にも乳児だけの乳児院という施設は存在していませんでした。その代わりに、乳幼児院はいくつかの国にあったのです。このことも根拠として提示しました。そうして、主任をはじめとして、主だった職員の理解も得られはじめ、実現に向けて動き出しました。その後、職員が議論を重ねて、新しい体制の乳幼児ホームでの養育基本方針が次のように決まりました。そして、この方針を実施するために、最低基準を越えた職員を置いて、安定した愛着関係が可能になるようにしたのです。

A 養育基本方針

【家庭的処遇の充実】

（1） 乳幼児一貫養育――入所から退所まで一人の職員が担当する養育担当制を採用して、

ゼロ歳から四、五歳までの乳幼児一貫養育をめざす。と同時に、入所児の生活の場と仲間の顔ぶれを変えないために、数年間同じ居室で生活できるように異年齢のクラス編成とし、担当職員を子どものクラス移動とともに持ち上がる体制とした。

(2) 小グループ養育――十人未満のできるだけ少人数の生活を行ない、幼児クラスがそれぞれ家庭として独立した生活を送るように努める。また、各クラスをさらに細分して、一人の職員が四、五人の子どもを養育できるように、間仕切りで居室をコーナー別に分けて、個人や数人で落ち着いた生活ができる場所を確保する。

(3) 家庭的雰囲気――子ども居室内は家庭の雰囲気に近づけるため、家具や調度品を配置する。そのなかで、職員と子どもが生活(食事・入浴・家事)を共にして、子どもたちが基本的生活習慣を習得していける日課をめざす。

【子どもの発達や要求に沿った自律生活の充実】

子どもの発達状態の違いを考慮して、一律の生活を押しつけない。睡眠・授乳・食事・排泄は子どもの欲求に合わせ、時間に縛られない一日を過ごし、柔軟な日課を送る。

【院外保育の促進と社会性の向上】

一、二時間でも積極的に外出することや、異年齢での生活と同年齢での生活を組み合わせて、豊富な対人関係を積ませる。そして、隣接の児童ホーム(幼稚園児から高校生までのホーム)との交流を強め、年長児と共に学ぶ経験を積む。

【個別保育による個性の伸長】

各職員は愛情と責任をもって担当児を養育し、個性に応じた対応を心がける。また、衣類・遊具・靴などの持物の個別化を進める。

【乳児養育の重視】

乳児クラスには多くの職員を配置して、乳児期の養育を重視し、愛着形成に努めるとともに、乳児の要求に応じられる応答的環境を確保する。また、新生児期から豊富な刺激を与えることに留意して、感覚刺激と運動刺激の確保に努める。そして、積極的に屋外での遊びを行ない、豊富な生活体験を積ませる。

【積極的な健康作り】

庭やグランドの利用や散歩を通して、屋外での生活時間を多くとり、健康作りに努める。そして、子どもの体温調整の機能を伸ばすため、冷暖房の使用は最低限にとどめ、通風や採光を利用して温度調節をはかる。また、薄着で年中通して靴下をはかない生活を送り、庭で遊ぶときも裸足とする。

【その他】

生活全般にわたって楽しい雰囲気作りに努め、のんびりした生活を送る家庭的な処遇を行なう。子どもの興味や要求を重視した養育をめざす。

以上の養育方針を決めて、子どもたちが終日生活を送る建物についても、施設らしくない家庭的雰囲気を取り入れ、通風と採光を考えて、明るく過ごしやすい建物を考えました。なかでも、一歳から四、五歳までの幼児の居室は、それぞれが「家」として、十人以下の小グループで生活する場としました。各部屋には台所・食堂・居間・寝室、そしてトイレと洗面所を備えていて、家具や備品を置いて家庭的雰囲気作りに努めたのです。また、建築面積は基準を超えて広くして、子どもの居住スペースを十分とりました。さらに、広い庭を設け、十分な運動と多様な遊びの場とするとともに、豊かな自然を取り込みました。

また、隣接する「児童ホーム」では、幼稚園に通う幼児から高校生までの子どもたちが、台所、食堂、居間、居室が備わっている十のホームに分かれて、十人までの少人数で生活する形に改善しました。

乳幼児ホームに入ってくる乳幼児の八割は、小学校に上がるまでに家庭に引き取られます。それまでの間、一人の職員が母親代わりとなり、子どもと密接な関係性を築き、将来の家庭復帰に備えるのです。私たちは、児童相談所と連携して、早期からの里子委託や家庭復帰をめざしました。しかし、約二割の子どもは小学校に上がるまでには家に帰れず、隣の児童ホームに移らざるを得ないという状況が出てしまいます。本当は、乳児から高校生まで一貫した施設として一本化したかったのですが、さまざまな理由で断念せざるを得ず、二つの建物に分かれて生活することとなったのです。学童期以降も施設にとどまる子どもは児童ホームに移らざるを得ず、養育の一貫性が失われてしまうという問題点を抱えていました。

B 新たな施設で育つ

さまざまな経緯を経て、不可能と思われていた新しい形態での施設総合移転が終了し、新たな生活が始まりました。しかしながら、六十人に及ぶ乳幼児を抱えてさまざまな問題が次から次へと生じ、四十人を超える職員とともに、管理職の立場となっていた私はその対応に追われたのです。多くの職員からは種々の苦情や問題点の指摘があり、私と言い争う職員も絶えず、新しい体制に不満が募ってきた何人かの職員は職場を去っていきました。子どもたちにとって何より大切な親代わりの職員の理解が得られなければ、新しい体制が成功するはずがありません。自信を失いかけた私でしたが、それでも楽しそうに日々過ごしている子どもたちの姿によって慰められたものでした。

見違えるように明るく開放的になった建物の内外で伸び伸びと遊び、担当職員の後を追う子どもの姿は、以前の施設では見られない生き生きとしたものでした（図3－1）。一人ひとりの乳児は抱っこされて授乳を受け、幼児たちは職員と一緒にお風呂に入ってスキンシップを満たし、甘えながらもたくましく育っていきました。部屋の前には、庭が広がっていて、花を咲かせ実をつける木々や草花が育ち、小山や砂場を備えた公園のような遊び場のなかで、子どもたちは活発な遊びを展開していったのです（図3－2）。新しい体制での生活が落ち着いたのは三年を経過したころだったでしょうか。そのころから私は、移転前の子どもたちの状態とは大きく異なる移転後の子どもたちの様子を見るにつけ、発達の変遷を調べることを思いつきました。

図３－１　乳児期からずっと同じ職員

図３－２　活発な外遊び

そのために子どもたちの発達状況を施設移転前と移転後で比較しました。対象となったのは一九八一年以降に出生した乳児のうち、出生時体重が一五〇〇グラム以上で、明らかな障害のない百十六人でした。子どもたちの個人記録票から、次の三つの指標を取り上げました。

(1)　人見知り——馴染みのない人に対しての泣きや明らかな拒否反応。

(2)　初語——「マンマ」「タータン」などの有意味語。

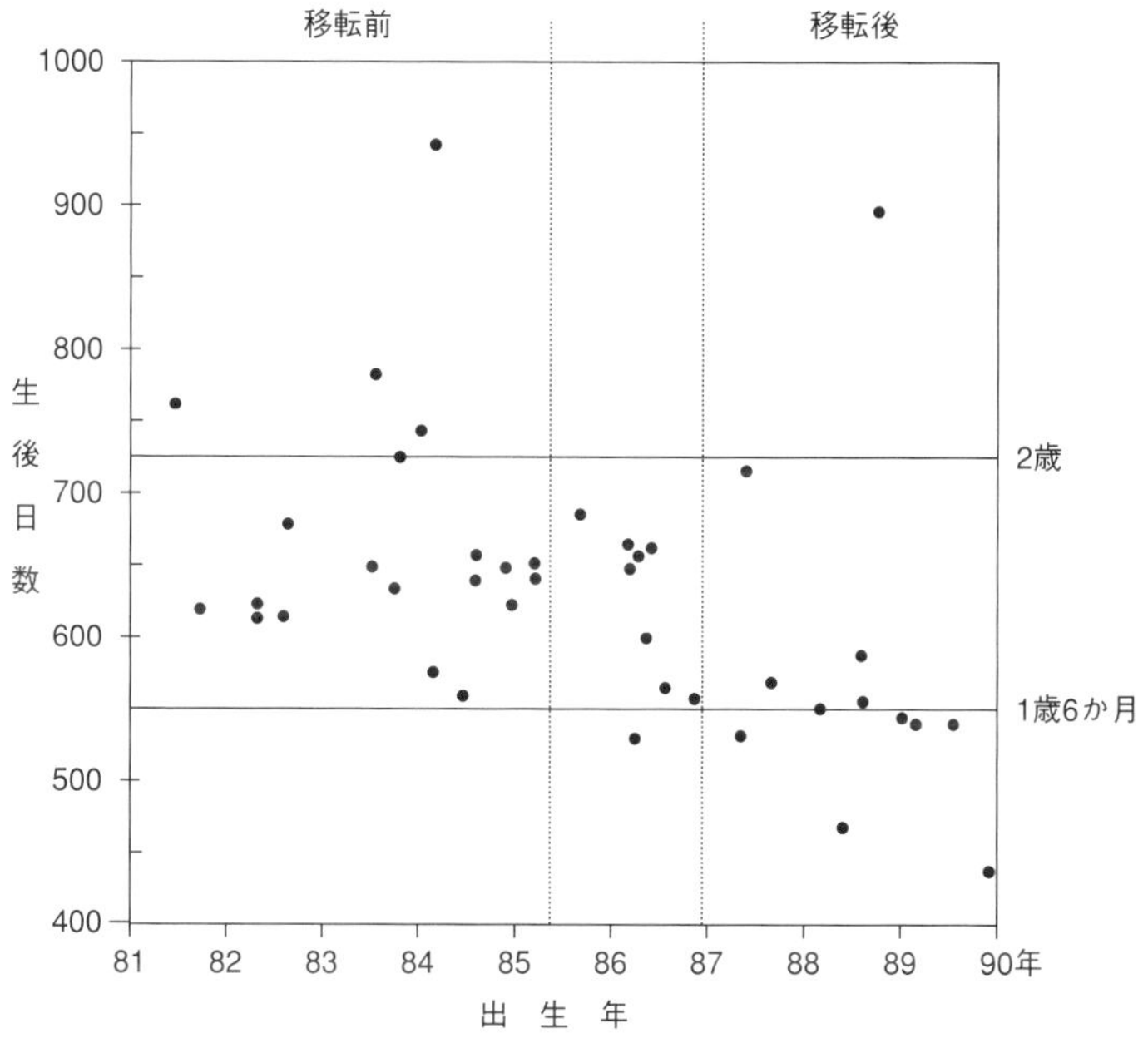

図3－3　2語文発現までの生後日数の推移
（生後3か月以内の入所児）（金子，1996）

（3）二語文――「タータン、キタ」「ブーブー、イッタ」などの有意味語と有意味語の言葉。

加えて、二歳半の時点に行なわれた、児童相談所による遠城寺式乳幼児分析的発達検査の結果を検討しました。

出生後三か月未満という早期に入所した児童について、移転前から十年間の推移を見たところ、人見知りは移転前（三十三人）が平均七か月十六日でしたが、移転後（二十四人）は六か月十九日となり、二十七日早くなりました。

次に初語は移転前（三十一人）の

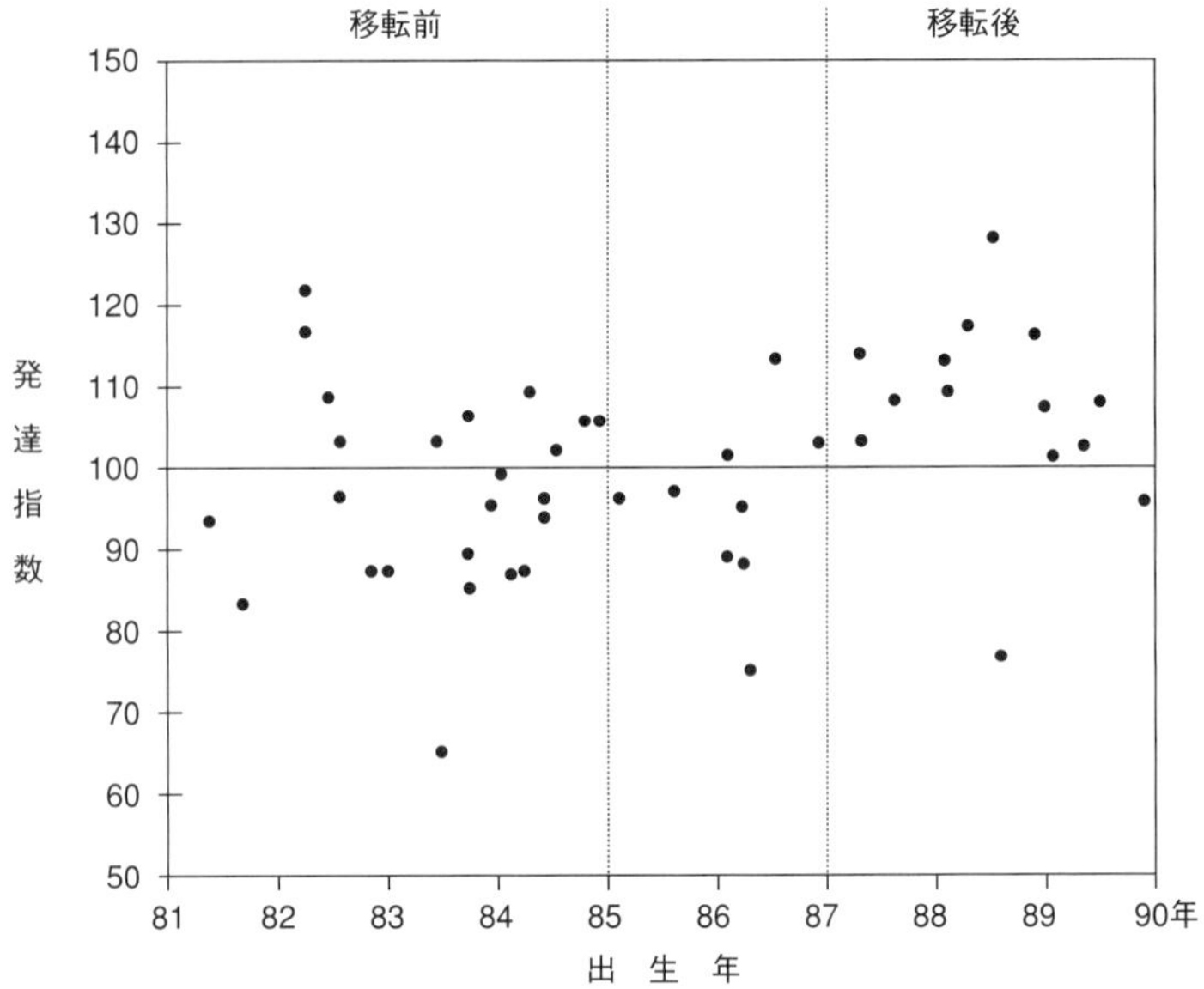

図3－4　2歳児の発達指標の年次推移
（生後6か月以内の入所児）（金子，1996）

十一か月二十日から、移転後（十七人）には十か月五日になって、四十五日早く出現しました。さらに、二語文発現は移転前（二十人）の平均一歳十か月から、移転後（十二人）では一歳七か月となり、九十六日も早かったのです（図3－3）。

また二歳半の時点での児童相談所による発達検査の結果を調べたところ、生後六か月未満で入所した児童（平均入所月齢一・六か月）の発達指数は、移転前の平均値が九八・〇（二十五人）でしたが、移転後は一〇八・一（十四人）と十以上増加しており、発達指数一〇〇を越えている子どもがほとんどだったのです（図3－4）。

この取り組みから、子どもと養育者との関わり、コミュニケーションが重要だと改めて明らかにされ、子どもと養育者（血のつながりはないが、日々の営みを通して心の絆の愛着が形成された大人）との密接な人間関係を保障し、それを長く保つ体制が、乳幼児施設に暮らす子どもの発達向上に有効だとわかったのです。当時の発達心理学の知見からすると、以上の結果は当然予測できたものでしたが、それでも私は施設移転に伴う養育環境改善の結果を学問的に意義深いものと考えて、学会や研修会で発表し、報告書や内外の論文、および著書として公表してきました。この成果に対して、全国乳児福祉協議会で一応の評価を得て、乳児院の将来構想として乳幼児ホームが取り上げられることとなりました。一九九七年の児童福祉法改正に際しても、新しい児童福祉施設像として乳幼児ホーム案が議論されました。結果的には、そのときの改正には盛り込まれませんでしたが、将来像の一つとして有力な形態だと示すことができたと考えています。そして二〇〇四年には、乳児院で就学前幼児まで継続して養育し、同時に児童養護施設では一歳未満児も養育できるように児童福祉法が改正されたのです。

これまで、乳児院や児童養護施設で発達の遅れや対人関係の歪みがみられたのは、施設児の宿命や施設の限界でもなく、ひとえに愛着形成がおろそかにされ、施設の養育水準が低く抑えられてきたからにほかなりません。愛着関係を保障し、養育環境を改善すれば、良好な発達が認められたことを私たちの実践から強く主張します。

次に、養育者との愛着形成の様子を事例記録で示します。この事例は、何度も移室したにもかかわらず、乳児期初期から四歳まで担当者と子どもを分離しなかったために、担当者と子どもの密接な絆が継続できたケースです。担当保育士がこの男児について次のようにまとめました。

【入所理由】

本児出産後に両親が離婚し、父子家庭となった。父親の就労で養育困難のために生後五十八日で入所した。その後の面会は月に一度程度で、父子の関わりは少ないため、実父に対する本児の愛着はほとんどなく、母親の面会は一回もない。

【記録内容】

本児を生後一か月から四歳八か月まで担当した。その間、移転やクラス移動により生活場所が五か所変わったが、その度に私は担当児と共にクラス移動を行ない、人間関係を切ることなく過ごした。第一回目の移動は移転にともなうもので、本児が生後八か月のときであった。二回目は一歳ゼロか月、三回目は一歳七か月、そして四回目は四歳五か月だった。そのなかでも、特に三回目の移動のときは分離不安の高い時期にあたり、新しい部屋の職員になかなか慣れず、私への後追いも激しくなり、食事・排泄・着脱・睡眠などのすべての介助を私以外の職員にはさせなかった。しかし、一、二か月たつと担当者以外にも慣れていった。

本児は甘えることが下手な子どもで、新しい職員に理解してもらうまでには長い時間がかかった。移室の度に私への後追いも激しくなり、わざと排便を失敗したり爪かみが見られた。また、下駄箱の隅に入り込み何時間もボーとしたり、チック症状もでてきた。このようにクラス移動に伴って本児の情緒は不安定になったが、私への甘えや後追いを受け止めることで、両者の絆がより深まった面もある。勤務時間内だけでは本児が満足するだけ甘えさせてやることができず、私の自宅への外泊も頻繁に行なった。初めての外泊は生後十か月のときで、ほとんど外出したこともなかった本児は院を一歩出ると非常に緊張していた。自宅についても私から片時も離れようとせず、トイレに行って見えなくなると大泣きして、トイレ内に入ってくる状態であった。

一歳前までは、私が勤務を終えて帰ろうとすると居室の出入口で泣いていたが、歩行ができるようになると玄関までついてきて泣くほどになった。また、退勤したあとも、私の上靴を見てはめそめそしていることがよくあったとほかの保育士が語っていた。そのため、私が帰ったあとではほかの職員をいつも困らせていたそうだ。幼児クラスに移った一歳七か月ごろが最も後追いが激しく、私が休憩に行くときや仕事を終えて帰るときだけでなく、少しでも居室から出ようとすると大泣きをして手のつけられない状態になった。勤務を終えて帰るときは、本児が遊びに集中しているときを見計らってそっと抜け出すのだが、しばらくして私がいないことに気づくと、玄関を開けて門の外に出ていくこともあった。担当者としてもこんな状態の子どもを残して帰るのだから、帰宅しても気になって仕方がなかった。そして、このころ私が出勤すると、必ずといってよいほど私の履物は下駄箱にはなかった。本児が寂しくなると下駄箱に行き、私の履物を抱いて泣いていたのだった。また、それを自分のロッカーの中に入れておいて安心していたこともああった。

後追いは一歳後半が最高で、その後はだんだんと少なくなった。二歳半になると、涙をこらえながらでも自分から「バイバイ」と言えるようになり、三歳を過ぎると玄関まで出てきて見送るようになった。私が門を出て見えなくなるまで玄関からじっと見つめていた姿に帰りづらくなり、私も玄関から離れることのできない日々が続いた。四歳を過ぎるとだいたい職員の勤務が理解できるようになり、「今日は朝からいるから夕方には帰るのか」とか、「夕方から来たから夜勤だな」というように理解していった。後追いをされていた一、二歳ごろでは、いつになったら泣かずにいてくれるのだろうと思ったものだが、大きくなって後追いをしなくなると、今度は私が寂しい思いがした。

この体制で四年間、一男児を担当してみて、職員と子どもの両方でしっかりした愛着ができ、順調な発達が見られた。一人の職員が一貫した担当制は、複数の職員が担当した場合とかなりの差があったと感じた。しかし、移室の度に本児も私も不安定になり、毎日の分離の度に双方の苦労は多大なものだった。

今までは、乳児院の子どもと二歳で別れるのは宿命で仕方のないことと考えていた。しかし、不可能と思われていた四歳の幼児期までずっと担当することもできたのである。乳児院に生活せざるを得ない子どもたちにとっては、本当の母親代わりとして一緒に生活を送る職員は大切な存在となった。本児は現在では幼稚園児となって隣の児童ホームに移り、私と別れて生活しているが、今でも外出・外泊を行なって、その関係は継続している。

この記録にまつわるエピソードを紹介します。担当の保育士が、児童施設の研修会で事例報告したのですが、出張から帰ってくるなり、彼女は泣きながら私に訴えてきました。会で発表すると、「子どもがかわいそうだ」「この方法は間違っている」等、会場から次々に批判発言が出て、助言者の大学教員までもが否定したそうです。それで彼女は、「私がやってきたことは間違っていたのでしょうか」と私に問うたのです。研修会参加者から総スカンをくらうとは予想していなかった私でしたが、「いや、間違っていないよ。乳幼児の発達心理を研究してきた私が言うのだから大丈夫だよ」と慰めた次第です。

その件で、私は考えさせられました。ほかの施設では心（愛着）を育てようとしないのか、と憤りを感じたからです。心が育っていなければ、担当職員との分離で泣いたり、後追いしたりしません。特定の職員にしか世話をさせず、ほかの職員を拒否することもありません。大人にとって、扱いやすい子どもなのです。しかしながら、特定の職員に対して愛着を抱かない子どもが、将来どうなっていくか。その怖さを施設職員が知らないなんて……。これではいけない、と思った私は、それから学会発表、論文、著書の形で、私たちの取り組みの意義を訴えてきました。以来十年以上経過しましたが、今日の施設関係者の認識はどうなのでしょうか。

二〇〇二年には、東京都の乳児院で愛着形成に関する調査が行なわれています（鈴木、二〇〇二）[10]。

愛着形成を前面に出した調査研究が複数の乳児院で行なわれたことは評価できます。そして、その結果を見ると、四百五十一人の子どものほぼ全員に、担当職員に対する愛着行動があったのです。しかしながら、三人以上の愛着対象者がいたケースが多く、安定した愛着関係には至っていないことも示されました。ここで思い起こさなければならないことは、子どもは、たとえ虐待を繰り返す親であってもしがみつき、不安定ながらも愛着は形成されていくという事実です。ひどいネグレクトでなければ、何らかの愛着は形成されているのです。調査結果で、三人以上の職員に愛着行動を示したというのは、多くの子どもでは無差別の愛着だという危険性があります。

したがって、単なる愛着ではなく、安定した愛着の形成を目指さなければなりません。そのためには、入所から退所まで一人の職員が親代わりに養育して、安定した愛着関係が形成されるように、施設の養育体制を根本から見直さないといけないのです。特定の職員との安定した愛着形成をめざしたのが私たちの「乳幼児ホーム」でした。単に乳児と幼児がいるだけの施設とは訳が違います。第2章で示したように、主たる愛着対象者が代わっていくようでは、ティザードらの追跡調査で明らかになったように、その後の対人関係の発達上で、問題が生じる危険性があるのです。今後、乳児院が四、五歳までの幼児を養育したり、児童養護施設で乳児も生活するようになった場合、それぞれの場において一貫した愛着関係を保障しないと、長年の施設養育によって、さらなる愛着障害を生み出してしまう危険性があると私は危惧しています。

ところで、乳幼児ホームで新生児期から二人の子どもを育てた男性職員は、次のように語っています。「私はいずれ別れる時が来るといっても、その時その時で愛情を注ぎ、しっかりとした人間関係を築くことをすれば、次に愛情を注ぎ育ててくれる人とまた愛着関係を結べるのではないかと思います。浅く広い人間関係のなかで育てられた子は、誰にでも甘えられるが、結局、誰とも強い絆を結ぶことができず、どんどん成長していき、かえって辛い思いをするのではないでしょうか。私も少しでもいい父親になれるように頑張っていきたいと思います」。その後、二人の子どもは、それぞれ家庭引き取りと里子委託になりましたが、それまでは彼が主たる愛着対象であり続けたのです。

C　乳幼児ホームの問題点

しかしながら、乳幼児ホームでの養育環境改善は部分的にすぎません。つまり、交替制勤務で複数の職員に世話されるために、担当の職員と毎日分離する弊害はなくなっていません。さらに、心（愛着）が育っていけばいくほど、主たる愛着対象の職員との日々の分離による問題が大きくなっていったのです。第2章の、娘茜のエピソードを振り返ると、母親との間に安定した愛着を形成していたがゆえに、母親が不在のときには、泣いて母を求め続けました。そのときの娘の情緒的不安はとても大きく、見るも痛々しい姿でした。それと同様の辛い思いを、心が育ったがゆえに乳幼児ホームの幼子も抱いていたわけです。このように愛着が育った子どもに辛い思いをさせないためには、交替制勤務ではなく、住み込みで子どもと生活を共にする体制にせざるを得ないのではないでしょうか。

次の問題としては、乳幼児期の間に家庭復帰できない子どもは、学童期になると隣の児童ホームやほかの施設に移らなければならず、それまでの親代わりの担当職員と別れなければなりません。それまで「お母さん」と信じてきた人から別れるのですから、小さい子どもにとってどんなに辛い出来事でしょう。そのような場合、養育の永続性（パーマネンシー）の保障はできないのです。

加えて、発達が向上したこと自体は喜ばしい現象ですが、身体的にも精神的にも成長著しい多くの子どもたちを抱えて、職員の負担は増えていきます。大勢の乳幼児を養育する場合、人見知りや後追いなどしない子どものほうが、職員にとっては楽なのです。絶対的な職員不足のなか、子どもたちの発達向上を素直に喜べない児童施設の根本的問題は何ら変わっていないのです。つまり、現行の職員配置基準や施設設備の最低基準では、心身ともに健全に育った子どもの要求に十分対応できません。さらに、今日では児童施設に入所する子どもたちの六〇％以上が被虐待児であり、専門的治療が不十分なのです。実際に乳幼児ホームでは、ここ数年ネグレクトの子どもが多く入所し、その対応に職員は悩んでいます。今日、被虐待児が六〇％以上も入所している児童施設では、子どもたちに発達促進的な保護的環境を十分には提供できていませんし（三宅、二〇〇二[8]）、適切な心の治療を提供するには程遠い状況におかれているのです（西澤、一九九七[9]）。

とはいえ、行政の理解や支援が得られないなかでは、一法人の取り組みとしては、これ以上は望めなかったといえましょう。乳幼児ホームを計画していた当時の行政の見解は、「児童福祉法を超えて、乳児院と養護施設を統合するのは許さない」と最後まで変わりませんでした。行政の後ろ盾のないなかで、子どもたちの幸福を願って、信念を抱いて乳幼児ホームの事業を敢行した理事長・院長以下、関係者の決断と実行力は高く評価できます。

いずれにしても、私たちの養育環境改善の取り組みからは、子どもたちの情緒安定や発達保障の点で、交替制勤務の問題点が改めて示され、住み込みの職員が乳児から中高生まで一貫して養育できる施設やグループ・ホーム、さらには里親委託での養護形態を進めていく必要性が浮かび上がってきました。ただし、乳幼児ホームでは愛着関係は保たれるので、既存の乳児院や児童養護施設より望ましい体制であり、小学校に上がる前に家庭復帰するケースに限定すれば、意義のある形態だといえましょう。第2章の図2－4に示されるように、愛着対象を最も必要として分離不安の高い一歳前後に、措置変更と称して乳児院から児童養護施設に移し、それまでの養育者との絆を断ち切ってしまうことや、同一施設内であっても、成長につれて部屋が替わり、養育者の一貫性が保たれないような現在の施設体系は、愛着の視点からすればあってはならないことです。そして何よりも、安定した愛着形成を行なうには現行の体制と職員配置基準の下だと非常に困難なのだと強く主張します。

第4章

血のつながりを超える生命のつながり

1　実親との決別と和解

親から虐待を受けてきた子どもを守るために、一時的に親子を分離せざるを得ない場合がありますが、その際も将来親子が一緒に生活できるように、家族の再統合への支援が求められます。多くのケースは、親自身の努力や関係者の支援により、再び家族が共に生活できるようになっていきますが、残念ながらそうならない親子も存在しています。

第1章で紹介した三人のなかで、エドワードさんとドラゴンさんは成人後も実親と共に生きることはありませんでした。おそらく、生涯そうでしょう。二人はこう語っています。まずエドワードさんは、「真の回復は、幻想である親の愛情にすがらず、自分は親に愛されていなかった現実を受け入れることから始まるのだと思います。無かったものを求め、悔やむのではなく、絶対的な孤独を認め、受け入れ、自らの足で歩き出す」。そして、ドラゴンさんは求め続けた母親の愛情をあきらめたときの状況を、次のように記しています。「ドラゴンと母親は、再び会った。そして、二人の長い、終わらない夜が始まったのだ。だけどいくら話し合っても、二人の溝を埋める手助けにはならなかった。ドラゴンを許せないと思いながらも、姉たちが消息を絶った今、頼れる者がいないと言う。『お前が幸せになるのは、許せない……』彼女は未だに、ドラゴンの幸せを望んではくれなかった」。

そして、母親からの身体的虐待と心理的虐待を受け続けた福山さくらさんは、次のように半生を振り返っています（［　］内は筆者の表現）。

母親とは無条件の愛情を注いでくれる人。それが常識とされるこの世の中で、私は愛されないばかりか逆に痛めつけられ、虐げられ、肉体的にも精神的にも拷問のような目にあわされながら生きてきた。

極限まで追い詰められ、具体的な希望など何も見い出せない日々。だれ一人として私を救い出してくれる人はいなかった。それでも私は『生きる』ことを諦めなかった。そして、ついには自由を自分の力だけで勝ち取ったのである。（中略）

父はいつも力ずくで私を助けようとしてくれた。そのためには母を強く押さえつけることだってある。けれど、父が母に手を挙げたことは一度だってなかった。むしろ逆上した母はいつも父に向かって物を力一杯投げつけたり、つかみかかったりしていた。（中略）

そして母は、「何するのよ！　あたしの邪魔をする奴は絶対に許さないからね！」と言って、

「夫が私に暴力を振るった」と近所の人や、時には警察に嘘をついた。母は自分の邪魔をする人間を決して許さなかった。（中略）

［短大卒業後、自宅から通える会社に就職した。しかし、給料の低さに母は怒り、福山さんを殴り、叩き、そして罵った。風俗店で働かせようとした後で］

さらに母は、「どうしてもまともに稼げないなら、いっそ自殺して『保険金』でお母さんに恩返しするしか、あんたに残された道はないね」と言った。それから母は毎日、私に、「さっさと死ね」「早く自殺しろ」と言いつづけた。

私はここまでされてやっと目が覚めた。母にとって私は「娘」ではなかった。また「一人の人間」ですらなかったのだ。

私は長い間、「母親が『まともな人間』として扱ってくれない」という現実にもがき、あがき、苦しんできた。そして、その現実を何とか改善しよう、何とかしたいと、努力や我慢をしてきた。たくさんのことを諦めたり、失ったりしてきた。しかし、私がいくら努力しようと、何をしようと、母は決して変わらないし、私を「一人の人間」として扱ってくれることすらないのである。これ以上、母と一緒にいたら、私は人間らしく生きることは出来なくなってしまう。もう限界だと思った。私は自分の大切な人生を、これ以上犠牲にすることに耐えられなかったし、いま母から離れなければ、自分の人生を取り返すチャンスを永遠に失ってしまうような気がした。今、人生をやり直さなければ、取り返しのつかないことになると思った。

こうして私は、母に振り回されて生きることをやめ、そして「まともな人間」らしく生きるために、実の母親と「絶縁」して一人で生きていくことを決めた。

現在、私は母の知らない場所で平和に暮らしている。勤め先を変え、親戚にも引っ越したことを話していない。

（福山さくら『虐待と尊厳』穂積　純編）(3)

さて、第1章に登場した速水さんも、三十歳過ぎまでは、義父はもちろん、母親も憎み続けていました。しかし三十六歳になって、やっと母子は和解しました。そのためには、母親が心通じる男性と巡り合えて、四回目の結婚にしてやっと幸せをつかんだという条件が必要でした。そのとき母親は、すでに六十歳を越えていました。そして、速水さんの側にも、美月さんという妻となる女性との出会いがなければ、素直に母親と心を交わせなかったでしょう。速水さんのように、子ども時代には家族の再統合が無理だったケースが現実にはあるのです。

三十六歳になった私は、母親の身体を背中から抱きしめた。自分の身体が痛いくせに、辛いくせに、それでも私のことを励ましてくれる母親にどう応えたらいいのかわからずに、私は抱きしめる腕に力を入れ嗚咽を漏らした。母親をこんな身体にした自分が許せない。

「お袋……、ごめんな。本当、ごめんな。許してくれ……」

「お前が私の身体を悪くした訳じゃないのよ。自分を責めないで。そんなこと言ったら、私もお前にあやまらないと……」

「……」

私は母章代の顔を直視できず、空を見た。

「俺、本当はずーっとずーっとお袋に甘えたかった」

「滉一……」章代は、ハンカチで目頭を押さえながら、私の言葉に耳を傾けていた。

「なんで、もっと早く、素直になれなかったんだろうって。自分の気持ちをこうして喋ってみると思うよ」

「ずーっと我慢していたのはわかってたよ。だから、待っていたんじゃない。お前が心を開くのを……。でも、お前は美月さんと付き合ってから変わったね。それまでも優しかったけど、その優しさが外に出てこなかったものね」

「……」

「少しずつだけど、お前が自分の殻を破ろうと苦しんでるのは、私もおとうさんもわかってた。本当、いい人にめぐり逢ったね。かあさん、実は、もう眼が見えなくなるかもしれないんだ。だから、美月ちゃんの花嫁姿早く見せてね」

「お袋……」

私は章代の膝に顔を埋めて泣いた。

私は自分の歳を忘れて泣きじゃくっていた。三十年間、我慢していた思いが堰を切って流れでた。

「かあさんも滉一を苦しめたね。ごめんね。でもかあさん、お前を信じて待ってて良かった。これから頑張ろうね」

私の耳に章代の涙が落ちて首筋を流れてゆく。

ひどい虐待ケースでも、子どもを親から引き離すことなく、できるだけ家族の下で育てるように支援し、あるいは一時的に家族分離しても、早い段階で家庭に帰して家族の再統合を図るあり方がソーシャル・ワークの基本です。大部分のケースではそれでいいでしょうが、ごくわずかであっても、この人たちのように、子ども時代には両親と共に暮らすのを避けたほうが良い場合があるのです。実親が永久的に入院するのであれば、家族が共に暮らすなどあり得ませんし、三十年以上も憎しみに凝り固まっている親の心をほぐすなどとてもできそうにありません。後年になって親子が和解できた速水さんにしても、子ども時代にはとても親元に帰せない状況でした。今後、虐待した親への理解・支援が進み、更生プログラムが実行されれば家族再統合が早まるでしょうが、何年かかるかわかりませんから、子ども時代には親元に帰せないかもしれません。

血縁関係の家族であっても、人間関係が崩壊することは珍しくないのです。昔から、勘当、離縁、家出などは、親子関係が破綻したために行なわれていました。ごく少数であっても、子どもの養育を実親に委ねられない場合があるのですから、どうしても家庭外の社会的養護が必要となるのです。

2　さまざまな育ての親

A　施設職員に育まれる

わが国の児童施設（かつては孤児院と称していました）では、個人の篤志家が私財を投げ打って、生涯をかけて孤児たちの養育に取り組みました。自らの家族生活を犠牲にしてまで、何百人もの子どもたちの親となり、育んできたのです。私がかつて勤務していた社会福祉法人広島修道院で乳児期から育てられた女性が、先代院長、北村孝義氏の思い出を次のように回顧しています（広島修道院、一九九二）[4]。

私は赤ちゃんの時から施設で育ちました。長いあいだには北村のお父さんと接したことがたくさんありました。みんなは「院長先生」と呼びなさいと言いましたが、院長先生は「お父さん」と呼びなさいと言われました。

小学生の頃は、北村のお父さんの所へ二、三人で行っては、いろいろとお話をしたことが思い出されます。いつも頭をなでて、「いい子でいなさい」と言われました。そして、いつも奥から飴やお菓子を下さいました（長く置いてあったのでしょうか。飴はとけ、お菓子はしけていました）。でも、私にはとてもおいしかったのです。

中学を卒業してからは、色々迷惑をかけることばかりでした。就職をしても長続きはせず、すぐにやめてしまいましたが、怒られることはいつもありませんでした。北村のお父さんは私の身になって考えて下さっているのだと、その時はいつも感謝の気持ちで一杯でした。お父さんありがとうございました。私が結婚する前、主人と一緒に挨拶に行った時も親身になって下さり、私のことを幸せにするよう主人に言ってくださいました。今とても幸せに暮らせることは、北村のお父さんのおかげと思います。


次に、生後四日目に乳児院に入所し、高校卒業まで施設で暮らした後、大学へ進学し、施設職員として勤務した後、難関の松下政経塾に入塾し、現在は社会福祉法人の特別研究員として児童福祉の課題を社会発信している草間さんは、私生児だったので、父親の顔をまったく知りません。「自分には父親がいない」と何となく知ったのは、いつだったか定かな記憶はないそうです。父親のイメージも当然彼にはなく、ただ救いなのは長く彼のことを面倒見てくれた指導員が、草間さんのぼんやりした「父親像」のモデルとなっていることだそうです（［　］内は筆者の表現）。

大学へ行きたい、大学院に進みたい、海外に渡って見識を深めたい、何かをしたいと言うといつも目を細めて応援してくれたのは、老師［出身施設の園長であった故・遠藤光静老師］だった。

なぜ前向きに思えたのか自分でも不思議でならない。たとえ失敗しても、思い切れたのは「大丈夫、俺が付いているよ」と思わせる絶対的な安心感が老師にはあったからかもしれない。
私が辛いときにひたすら聞いてくれた人は？　落ち込んでいるときに励ましてくれた人は？　前向きな時に決まって「やってみろ」と応援してくれた人は？　道に迷った時に示唆を与えてくれた人は？　いつも温かく迎えてくれた人はだれ？　それは老師だった。いつしか信頼（尊敬）する気持ちに変わっていた。信頼する人に出会えて、私は初めて自分の人生に向き合えたように思う。

（草間吉夫『子どもの権利と社会的子育て』許斐　有他編[9]）

ここで、施設退所児の追跡調査から、実親との安定した愛着を形成できなかった子どもたちが、その後の施設養育のなかで困難を抱えながらも、さまざまな人びとに支えられて、成長していった経過を紹介します。阿部（一九七四）[1]は、養護施設を巣立った後、結婚し家庭生活を営んでいる九人の女性に対して家庭訪問を行ない、過去の経過を調べ、現在の心境について聞き取り調査をしました（表4－1）。いずれのケースも家庭養育上の問題が発生したのは出生時からで、幼少期に家庭が崩壊していました。そして、乳児期に遺棄された一人を除く八人は、次々と養育者や生活場所が変わり、非行や問題行動を引き起こしながら、最終的に施設に入所した子どもたちだったのです。現在は、主婦として母親として生きている九人は、施設入所後の安定した生活のなかで、施設職員との親密な関

表4－1　追跡調査対象者の概略（阿部，1974から作表）

	入所理由	入所時の年齢	中卒後の就職状況	結婚年齢と形態	実親に対する感情	生育時の心の支え	現在の心の支え	調査時点の年齢と家族構成
A	父親死亡 母親放任	10歳	すぐ退職 姉を頼る	17歳 見合い	愛憎	姉	夫	本人：29歳，夫：タクシー会社勤務 子：♂小4，♀小1，♀4歳
B	両親離婚	13歳	転職繰り返す	17歳 同棲	拒否	不明	不明	本人：25歳，夫：会社員 子：♂小1，♀4歳
C	両親離婚	11歳	転職繰り返す	18歳 同棲	拒否	姉	夫	本人：22歳，夫：公務員 子：♂3歳，♀1歳
D	父母不詳	15歳	里親先で家事手伝	23歳 見合い	無関心	養祖父母	夫	本人：34歳，夫：歯科技工師 子：♀小4，♀小3，♂1歳
E	母親死亡 父親放任	12歳	定時制高校進学	23歳 恋愛	無関心	兄	夫	本人：31歳，夫：タイル施工職人 子：♀5歳，♂0歳
F	両親離婚	13歳	転職繰り返す	18歳 同棲	愛憎	母	夫	本人：32歳，夫：運送業 子：♂小4，♂小2，♀4歳，♀2歳
G	極貧	12歳	転職せず	21歳 見合い	愛憎	母	夫	本人：27歳，夫：工員 子：♂5歳
H	父母不詳	14歳	転職せず	19歳 恋愛	愛憎	不明	夫	本人：32歳，夫：会社役員 子：♂小4，♂小1，♀4歳
I	遺棄児	0歳	転職せず	21歳 見合い	慕情	施設長	夫	本人：33歳，夫：大工 子：♀小4，♀小3，♂4歳

わりや兄弟姉妹との結びつきによって、そして現在では、夫との安定した関係によって、過去に愛着形成できなかった障害を克服しているのです。

幼少期の悪影響を解消できたのは、この施設が小規模で家庭的な雰囲気をもち、養育担当の保育士との密接な関わりを維持でき、退所後も、施設長と関係が保てたためだと考えられます。特に、生後六か月で遺棄され、その後乳児院と養護施設で中学卒業まで過ごした対象者Ｉが就職後に結婚し、現在は母親として生活している事実から、早期に実親と別れた乳児であっても、家庭に代わる居場所があることで、健全に発達していくことが示されたのです。

長い児童施設の歴史のなかで、このように育まれてきた人びとは数多くいます。しかしながら、私が不満なのは、施設生活体験者の語りのなかに、母親存在があまり出てこない点です。たぶん、母親代わりの職員は入れ替わりが激しくて、施設の子どもにとって生涯記憶に残る母親像となれなかったのだと推測しています。彼らが施設長を父親存在として感謝の念を抱き、いつまでも記憶にとどめていたことは評価できますが、母親存在もそうあってほしいと願うのです。

Ｂ　里親に育まれる

日本では里親委託が減少しています。家庭を失った子どもたちに対して望ましい社会的養護の形態でありながら進展していません。その原因はいくつか指摘されていて、国・厚生労働省も力を入れ始めました（「社会的養護のあり方検討委員会」二〇〇三年十月の報告書）。被虐待児を専門的に委託する専門里親の制度をはじめとして、さまざまな事業が考えられていますし、専門家が提言をまとめています（庄司、二〇〇三）[16]。本書では、制度や現状については触れず、里子の様子を事例によって示します。まず、第2章で紹介した二歳七か月の男の子が、その後、困難を抱えながら里親の下で育まれつつある姿を紹介します（「シドさんの里親のホームページ」）。

里子がわが家に来てから、四年経ちました。本当に密度の濃い四年でした。妻は、子どもが来てからの半年間が、よく思い出せないといいます。トラウマになるほど辛い時期だったのでしょう。私も、当時のことを語ると、いまだに涙があふれてきます。里子が家庭になじむまでに、それほどすさまじい戦いがあったのだと思います。子どもを家庭に受け入れるのは、当の子どもにもストレスになりますが、受け入れる家庭にも、相当な衝撃を与えます。カナダでは、〈里子は家庭を破壊するパワーを持っている〉と言われています。まさに、わが家も破壊されかねない衝撃を受けました。

（中略）

他からの支援もなく、子どもの問題行動の説明や理由付けもなく、手探りで歩んできた四年間でした。子どもの発育がちょうど一歳遅れていること、年齢よりもかなり発達が遅いことなどから、どの程度発達が遅れているのか調べました。子どもの知能の発達について相談に行ったら、「イヤなら（里親を）辞めていい」と言われたこともありました。あとでそんなことは言っていないと言い訳しましたが、この言葉は、いまでも耳に焼き付いています。

（中略）

里子は、いま赤ちゃん返りをしています。四年経ち、ようやく赤ちゃんになって親子関係を作っていい、信頼できる相手だと思ったのでしょう。無条件の信頼関係は、これから作っていくのだと思います。

生後すぐに乳児院に入れられ、自分だけを愛してくれる大人もいない状態で、子ども同士で争い、すべて力関係の中で解決をしてきたのですから、すぐに大人に依存できるはずもありません。子どもは、心より信頼できる大人がいなければ、子どもでいることは出来ません。信頼できる大人を持たず、すべて自分の考えと、力で解決しようとしてきたのでしょう。甘えようとしても、相手がすぐにいなくなるのですから、甘えることも出来なかったのでしょう。「所詮、大人はすぐにいなくなる」と学習したでしょう。

わが家でのすさまじい反抗は、絶対に捨てられないと心から確信するまで、続くのだと思います。愛情と忍耐をもって、気長につきあっていくしかないのだと思います。

（中略）

すべての子どもが、自分だけの大人を持ち、無条件の信頼関係を築き、未来を担う子どもとして健やかに育っていくことを願ってやみません。

次に紹介するのは、アメリカで専門里親として、長年数多くの子どもを育ててきたドーン・イングリッシュさんです。現在夫のいない彼女は、息子のクリスと男友達のサムに手伝ってもらいながら単親里親として、これまで二十三年間で三千人以上の里子を育て、取材当時六人の子どもの面倒をみていたのです（武井、一九九七[17]）。

彼女に育てられた里子の一人、シーザは八歳ごろから父親に暴力を振るわれ、十歳からは何度も強姦されたという悲惨な子ども時代を送りました。警察に保護されたシーザは、十二歳で里子になり、十五歳のときに三軒目の里親となるイングリッシュさんの家にやってきました。その後、十八歳を過ぎてもイングリッシュさんの下で生活を続け、十九歳のときに仕事を見つけて独立したのです。取材当時三十八歳になっていたシーザは、実母とイングリッシュさんとの関係を問われてこう答えています。

「わたしの母はドーンだけよ。母の日のプレゼントはドーンにしか贈らないわ。明日は用事があって彼女の家に行けないので、先に二重底の鍋などを届けておいたの。ドーンだけが母親として、力を尽くして、わたしを育ててくれた唯一の人です」（武井、一九九七[17]）。シーザがイングリッシュさんを「母親」と思うようになったのは十五歳のときからで、その際に実親への思いを断ち切ったようでした。そして、イングリッシュさんには夫がいなかったこともあって、父親に強姦されてきたシーザは心の安らぎを得られたのです。

単親里親のイングリッシュさんはこう語っています。

ひとり親だからといって子どもに悪い影響を与えるとはわたしは考えていません。ひとり親でも子どもにストレートに愛情が伝われば、子どもは健康に育つと思うのです。夫婦仲が良くても子どもを愛さない親もいますし、愛しているといっても親のエゴを押しつけていることもあり、両親揃っていることが一概に子どもにとって良い、とは言えない場合もあります。それに子どもにとって、また、子育てにとって理想的なことは、夫婦仲が良くて、夫婦で子どもを愛することだとしても、アメリカは半分くらいの人が離婚体験者でありますしねぇ……。しかし、父親というものは母親の存在と同等に大きいものですよ。父親はゴミを出すことだけが役割ではありませんから、子どもが愛されている自覚を持てるように可愛がっていけば、これ以上のものはないですね。

（武井　優『子どもの心とどう向き合うか』[17]）

日本で里親の数が増加しないのは、国・行政の広報活動や里親支援の不足、そしてさまざまな制約が挙げられます（庄司、二〇〇三）[16]。厚生労働省が二〇〇二年九月に出した里親制度の運営に関する通知にあるように、「知識、経験を有する等児童を適切に養育できると認められる者については、必ずしも配偶者がいなくても、里親として認定して差し支えないこと」と記されているので、法律的には夫婦でなくても里子を委託できますが、実際は家を所有していて、一定の収入のある夫婦に限定されていることも里親の数が増えない理由となっています。そのなかで、私が提案したいのは、イングリッシュさんのように女性一人でも里親となる単親里親です。単親里親に里子を委託することによって、里親事業の裾野が拡がっていくことでしょう。

ところで、里子や養子を育てるには、実子以上の困難が伴う場合があり、そのために里子委託や養子縁組に失敗する場合があります。そうしたことを防ぐために、子どもを受け入れる際の夫婦の心構えが重要です。家庭養護促進協会では、養子を前提とした里子を迎えることによって直面するさまざまな困難を希望者に講義し、夫婦が養子を迎えるのは夫婦自身の欲望を満たすためだと強調したうえで、養子を無条件に受け入れる決断を迫ります。そこには、「血のつながりがあろうとなかろうと、親子になるためには、親は子どもを丸ごと引き受けなければならない」という信念があるのです（樂木、二〇〇三[14]）。こうした努力によって、実子を育てることに困難な親がいる一方で、里親や養親は他人の子どもを養育しながらも、血縁関係がある実親と変わらない、あるいはそれ以上の関係性を築いている場合があるのです（御園生、二〇〇一[10]）。

しかし、子どもによっては、どうしても養親や里親を見出せない場合があります。これまで数多くの子どもの養子縁組を勧めてきた家庭養護促進協会においても、「母親による虐待によって、左目が失明、手足の骨折、顔面殴打による傷が治療されなかったために起きたケロイド状傷痕をもった男児は、その内面に素晴らしい素質をもっていたが、海外まで養親候補者を求めても、見つけてやれなかった」（岩崎、二〇〇三[5]）のです。

3　生涯にわたる人間関係

A　心のつながりのなかに生きる・乙羽信子の一生から

かつての日本では、親が早く亡くなったり、婚姻外の出生などにより、多くの子どもが里子や養子に出されていました。そうした人びとが自らの人生を語った手記から、人の生涯にわたる関係性を探ってみましょう。ここでは、一九九五年に七十歳で他界した女優乙羽信子の一生を紹介します（乙羽・江森、一九八一[13]・金子、一九九九[6]）。（図4－1）

信子は私生児として出生し、生後間もなく母親から引き離され、父親宅で二歳一か月まで父親の妹に育てられました。その後、実父の結婚話が持ち上がり、邪魔となった信子は養子に出されてしまいました。しかし、養母には冷たく扱われ、心を許せたのは養父だけだったのです。養父母が不仲なために、陰気な家のなかで暗い子ども時代を送りながらも、容姿と知性に恵まれていた彼女は努力を重ねて、宝塚歌劇団と大映で女優として活躍しました。

それまでは、養父を本当の父親と思っていましたが、二十六歳のときに自分が養女だと知りました。そのころ出会ったのが映画監督の新藤兼人でした。まもなく二人は深い関係となり、その後二十七年間も愛人として過ごしたのです。そうしたなかで、信子は母と同様の道ならぬ恋に落ちたわが身に流

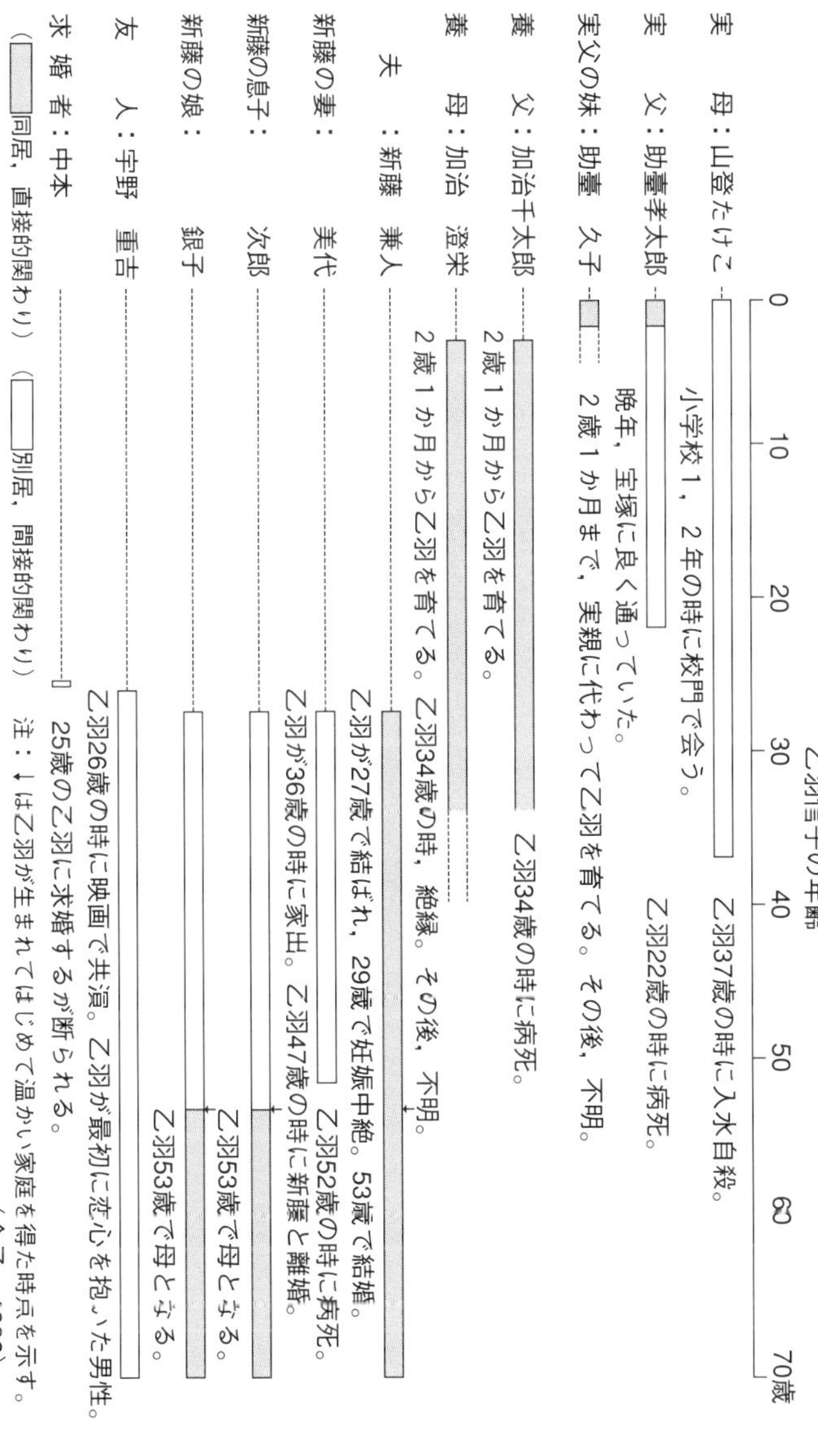

乙羽信子の年齢
0
10
20
30
40
50
60
70歳
実　母：山登たけこ
小学校1，2年の時に校門で会う。
乙羽37歳の時に入水自殺。
実　父：助臺孝太郎
晩年，宝塚に良く通っていた。
乙羽22歳の時に病死。
実父の妹：助臺　久子
2歳1か月まで，実親に代わって乙羽を育てる。その後，不明。
養　父：加治千太郎
2歳1か月から乙羽を育てる。
乙羽34歳の時に病死。
養　母：加治　澄栄
2歳1か月から乙羽を育てる。乙羽34歳の時，絶縁。その後，不明。
夫：新藤　兼人
乙羽が27歳で結ばれ，29歳で妊娠中絶。53歳で結婚。
新藤の妻：美代
乙羽が36歳の時に家出。乙羽47歳の時に新藤と離婚。
乙羽52歳の時に病死。
新藤の息子：次郎
乙羽53歳で母となる。
新藤の娘：銀子
乙羽53歳で母となる。
友　人：宇野　重吉
乙羽26歳の時に映画で共演。乙羽が最初に恋心を抱いた男性。
求婚者：中本
25歳の乙羽に求婚するが断られる。
（同居，直接的関わり）
（別居，間接的関わり）

注：↓は乙羽が生まれてはじめて温かい家庭を得た時点を示す。
（金子，1999）

図4-1　乙羽信子の生涯で関わってきた主な人びと

れる血の業を呪ったのです。結局、実父母は名乗り出ないまま、父親は病死、母親は自殺していたのです。

その間、乙羽が三十四歳のとき、彼女が心の支えとして信頼する養父と新藤の間で、次のようなエピソードが残っています。養父がガンに侵されて余命いくばくもないとわかった時点で乙羽は、養父に会ってほしいと新藤に頼みました。乙羽との不倫関係を叱責されるかと、緊張して養父の病室に入った新藤でしたが、「ベッドの上に起きておられましたけれどね。正座されまして、〈信子のことをよろしくお願いします〉と言われたんです。僕もとっさに、〈わかりました。乙羽さんのことは引き受けますから安心してください〉と答えたんです」（テレビ朝日、一九九五[18]）という結末に納まったのです。

その後も、人間として尊敬できる新藤との映画制作を心の支えにして乗り越えていきました。「奥さまへの愛と私への愛とは別個のものなのだ」という分別を育み、「結婚という形式より、新藤とめぐり会え、愛し続けているという事実のほうを大切にしたかった」と語る乙羽なのでした（乙羽・江森、一九八一[13]）。

新藤が妻と離婚して、その前妻が死んだ後に、正式に籍を入れて新藤の三番目の妻となったのが五十三歳のときでした。新藤との間に子どもは授かりませんでしたが、新藤と前妻との間に産まれていた二人の子どもたちが結婚を祝福してくれました。そして、晩年は夫と子どもたちに囲まれて平穏に過ごし、肝臓ガンで死去する七十歳まで、乙羽と新藤は夫婦として、また映画制作の同志として人生を全うしたのです。

乙羽をめぐる人間模様からは、実親との血縁関係を超えて、血のつながらない関係性によって、新たな人生を構築できたことを示しています。新生児期から二歳までは叔母久子によって育てられ、成人期までは養父母、なかでも養父の千太郎が育み、三十四歳からは新藤兼人と人生を共にしてきました。血縁より強い新藤との関係を、乙羽は「かかわり合いの濃さ」、新藤は「心のつながり」と称しています。血縁関係という、単純な生物学的関係を超えて展開するのが人間の生涯だといえるでしょう。

B　血縁を超えた関係性

縁という漢字は、つながりや関係を表わします。縁がついた熟語としては、血縁のほかに、所縁（ゆかりがある。縁がある）、仏縁（仏のひきあわせ）、奇縁（思いもよらない因縁）、俗縁（世の中の関わりあい。浮世の絆）、宿縁（前世の因縁）、そして機縁（きっかけ、動機、機会）などがあるわけですから、人間の関係性のなかでは、血縁は一部を占めるにすぎないことがわかります。それが、いつのころからか家制度が強固になるなかで、血縁を重視する社会が長く続いてきました。家制度を全面的に否定する気はありませんが、家や血縁を第一にもってくると、一個人を大切にしないさまざまな不条理が生じてきます。その矛盾を背負わされてきたのは、もっぱら女性でした。嫁は子どもを産むためと労働力として家の存続に尽くし、女の子や長男以外の男の子は跡取りではないため粗末に扱われてきたのです。そうした家だからこそ、ドメスティック・バイオレンスや子ども虐待が延々と続いてきたといっても過言ではありません。

血縁家族との関わりのなかで重荷を背負わされて子ども時代を送らざるをえなかった人びとがいます。幼少期に親から見捨てられたり、虐待を受けた子どもたちはあまりにも弱く、強大な大人たちに相対する術を何も持ち合わせていません。しかしながら、成長するにつれて、重い過去を背負って立ち上がり、歩き出せるようになります。子ども時代の家族関係がどうであれ、家族から自立して大人となった時点からが、新たな人生の始まりといってよいのでしょう。そこでは、血縁以外の関係性（さまざまな縁）によって救われていく、人の後半生が開かれています。

仏教用語の因縁によると、因は結果を生み出す内的な直接原因、縁は外から因を助けて結果を生じさせる間接原因だそうです。[11] たとえば、果としての稲の元になる種子が因であるのに対して、土地や水は縁に相当します。こうして、すべての現象は単独で存在するものはなく、必ずいろいろな原因や条件によって成立するのであり、単純な因果関係が成り立たないことを因縁は表わしているのです。さらにいえば、「親の因果が子に報い」を否定する思想ともいえましょう。つまり、親の不適切な養育が次の世代に伝達されていき、子ども時代に親から虐待されてきた人が、成人後に今度はわが子を虐待する親になってしまうという単純な因果関係だけでは人の生涯は説明されず、縁によって大きく変容する可能性を秘めているのであり、世代間連鎖の防止を説く思想的根拠を与えてくれるのが因縁なのです。

さまざまな人の生涯を見てみると、人は子ども時代に恵まれなかったから不幸な生涯しか送れないといった、宿命論的に過去にとらわれる存在ではないことがわかります。人間という生命体は、過去の出来事や現在の状況にとらわれない、未来への展望を抱いて、人生を自ら形成していく能力をもっており、それは他者と新たな対人関係を形成するなかで進行していきます。

私は、一連のライフ・ストーリー研究により、不幸な子ども時代を送ってきた人びとが、その後の人間関係によって人生をよい方向へと転化していくための要因が、①過去を受け入れ、他人に語れる、②自分を受容し、支えてくれる人を得る、ことだと確信しました（金子、一九九九・二〇〇二）[6][7]。その際、乳幼児期の愛着関係に加えて、その後の新たな関係性を含んだ、生涯にわたる対人関係を視野に入れています。第2章で触れたように、一九九〇年代以降の愛着研究では、母子関係以外の関係性が発達に及ぼす重要性を取り上げるようになりました。ダン（Dunn, 1993）[2]やラターとラター（Rutter & Rutter, 1993）[15]は、そうした関係性を「愛着を超えた関係」と呼び、子どもにとって最初の愛着対象ではない大人や、兄弟、仲間との関係を重視しているのです。

愛着理論は非常に重要な理論ですが、愛着概念だけで生涯にわたる複雑な人間関係を理解するのは無理があると私は考えています。そして、第2章で論じたように、養育者によって外敵から守られるという生物学的意義をもつ愛着は、幼い子どもの生命を守るために限定して使用すべきであって、それを全生涯まで拡大してしまうと、本質を見失うからです。私は、愛着＋その後の対人系＝開かれた対人系（Open Personal System）ととらえて（図4－2）、生涯にわたる複雑で変動する対人関係を

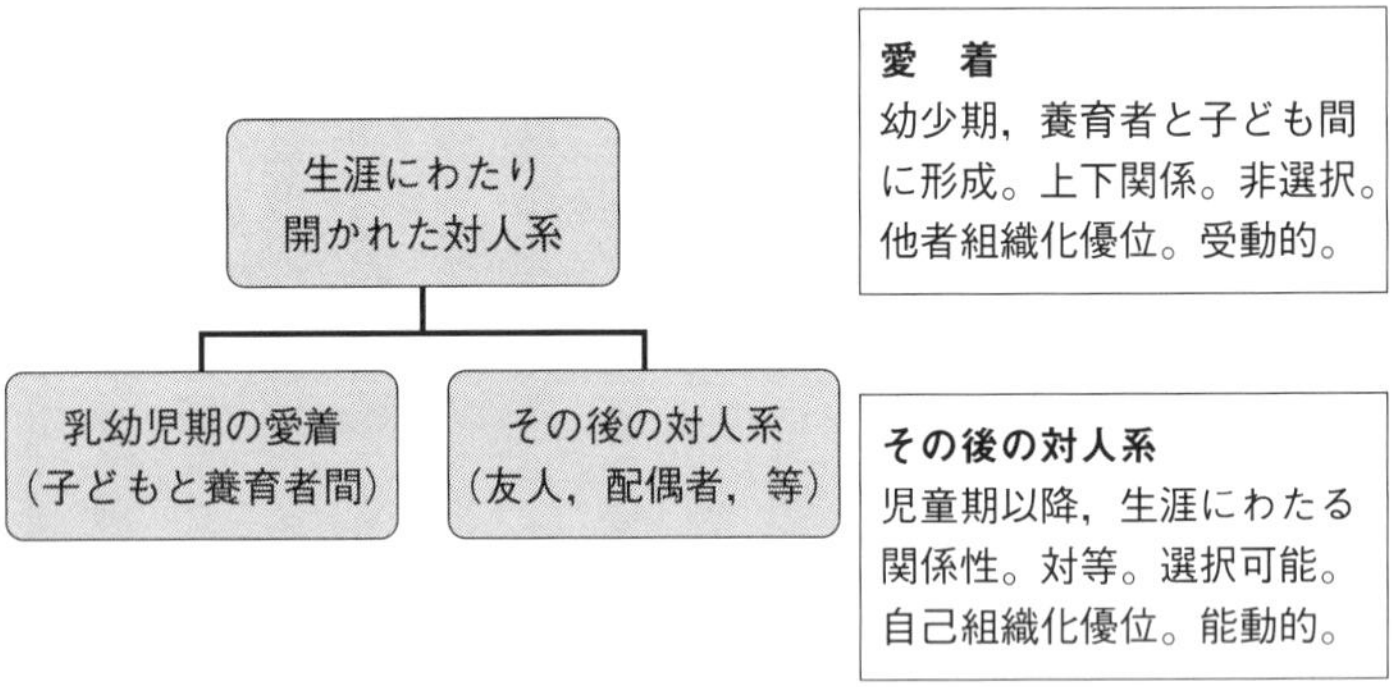

図4－2　愛着＋その後の対人系＝開かれた対人系
（open personal system）

示します。特に、愛着が養育者と子どもとの間に形成されるので、力関係は大人が絶対的に優位であるのに対して、その後の人間関係は、対等で、自らの意思で相手を選択するという能動性をもち、主体的に関係性を構築していくという自己組織化優位の特性をもっているのです。

ところで家族関係には、親子という血縁関係と、夫婦という非血縁関係とが共存している特徴をもっています（河合、一九八〇）[8]。運命的に決定づけられるのが親子関係で、両者の意志によって決まるのが夫婦関係です。そして、新しい家族は、非血縁の男女の営みから始まります。二人の男女が結ばれるとき、それぞれの親子関係の絆を切り離さねばなりません。一度切り離された絆は、二人のそれぞれの努力によって新しい絆へとつくりかえられていくのです。この切断の痛みに耐え、新しい絆の再生への努力をわかち合うことこそ愛であり、人の苦しみと痛みの体験を必要とするものだと河合隼雄は続けます。キリスト教の教えでは、キリストが肉親としての母をはっきりと否定し、その後に隣人愛としての人間関係が語られています。ですから、愛着は愛ではありません。愛を形成する重要な第一歩ではありますが。

ここで聖書の言葉を紹介すると、「神は人を男と女とに造られた。それゆえに、人はその父母を離れ、ふたりの者は一体となるべきである」（『新約聖書』「マルコによる福音書」第十章第六−八節）と教えています。たしかに人は出生してからずっと、親の存在によってはじめて生存が成り立ち、成長へと向かい、自分の存在を家族との関わりのなかで確かめていくのですが、成人後の人間愛は親子関係を超えるものです。乙羽と新藤の二人のように、親子よりも永遠の同伴者が生涯にわたるかけがえのない人となり、お互いに影響し合いながら、それぞれが主体的に自らの人生を構築する可能性をもっているのです。

第5章 傷ついた生命が育つために

1 子どもという生命体の姿

本章では、生命体としての人間について論じ、子ども理解と発達理解を深めます。なかでも、生命論で重要な「開放系」(Open System) と「自己組織化」(Self Organization) と、私が考えた造語の「授抱」(金子、一九九四[15]・一九九六[16]) を中心として、子どもの心身を育くむうえで必要な事象について述べていきます。

さて、今日の近代科学を推し進めてきた科学哲学が機械論です。この考えは、デカルトの心身二元論の思想に基づき、心と身体を分離したうえで、科学的に追及できるのは物体である身体だけとして、身体の構造と機能についての研究が進んでいき、今日の近代文明を築いてきました。その反面、機械論的な科学で除外された精神については十分な探求が行なわれませんでした。今日では、その反省に立って、生命体としての人間の心身を切り離さずに探求しようとする人間科学が提唱されていますし、機械論に相対する生命論が確立してきました。

まず、生きとし生ける子どもという生命体を説明します。人間に限らずすべての生命体は、環境に対して開かれていて、環境との間で絶えざる相互作用を行なうことによって生命を維持している開放系なのです（Bertalanffy, 1949）[1]。また、自己組織化という生命論の科学用語からは、子どもが一人では存在できず、常に親（養育者）という人間環境と一体となって相互作用を行なうなかで、自ら成長する力を得ていくことを説明します。かつて、東京女子高等師範学校付属幼稚園長だった倉橋惣三は、保育の原点を保育者と子どもの交流を通して「自ら育つ子どもを育てる」と称しました（倉橋、一九七六）[23]。この自ら育つ特性について考えていくのです。

次に、愛着が形成されていくのは、日々乳児と養育者が授乳や抱っこを通して身体接触し、さまざまな関わりを行なうことによります。抱く、抱かれるという身体を通した行為により、精神的な愛着が育つことの本質的意義を示すために、授抱という用語によって説明を加えます。

A　生命論と開放系

本書の基本的立場は、機械論に対する、もう一つの自然哲学としての生命論（渡辺・渡辺、一九七九[42]・Prigogine & Stengers, 1984）[32]です。生命論は自然科学のみならず、人文・社会科学や人間科学にも適応できる思想で、渡辺と渡辺（一九七九）[42]は次のように説明しています。「生命論的見地というのは、昔の生気論とは異なるものであって、それを簡単にいえば、生命の物理学的・情報学的説明を否定しないで、その上に生物が無生物と異なるということの根拠を探り、あらためて生命を生命として見直そうとする立場である」。こうして生命論では、これまで近代科学の機械論が無視し、捨て去ってきた生命現象そのものや他者との関係の相互性（相手との交流）を取り上げ、生命の特性である自律的な振舞いや自己組織化にも触れます（中村、一九九二[28]）。そして生命論は、一般システム理論（Bertalanffy, 1968[2]）から、今日の自己組織化理論（Prigogine & Stengers, 1984[32]；プリゴジン、一九九三[33]）や複雑系科学（金子・津田、一九九六[14]）に至るシステム理論とも関わりがあるのです。

さて、生命論に立てば、人の生涯発達は他者を含む環境との相互作用を通して進行し、個人は他者と離れては生存できないという前提の元に、個人は一個の全体であると同時に、「人＋人」システムの構成要素でもあるのです。そして、人と人との関係性（親子、夫婦など）はシステムとして構造をもっていますが、固定しているのではなく、常にその他の人びとに対して開かれており、力動的に変動していくととらえます。

開放系概念が示すのは、生命体が外界と情報やエネルギー、および物質の交換を常に行なっていて、外界に対して開かれたシステムである（Bertalanffy, 1949[1]）ということなのです。ここでシステム（系）とは、複数の構成要素からなるひとまとまりの構造で、各要素が他の要素と絶えず相互交渉を行なう結果、全体としては要素の総和以上に独自な振舞いを示す秩序ある構成体と定義しておきます。

私は、開放系の考え方を発展させた「開かれた対人系」（Open Personal System）という用語を考えました（金子、一九九九[18]・二〇〇二[19]）（前出、図4－2）。対人系とは、たとえば親子や夫婦などの対になった人間関係であり、私という一人の人間は、妻に対して夫、子どもに対して父、親に対して息子という複数の側面から成り立っていて、多数の人に対して開かれて、それぞれの関係性が複雑に入り組んでいるのです。そして、人の生涯にわたって複数の人間関係が生成、変容、消失して常に変化し、年齢・性・家族・血縁・国籍を超えて、すべての人に対して、いつでも新たな関係性が生じる可能性があります。そして、この生涯にわたる「開かれた対人系」が、過去の関係性がもたらしたさまざまな後遺症（たとえば実親からの虐待による歪んだ愛着形成）を変容・修復させる機能を果たすのであり、家族との関係性や幼少期の体験がその後の生涯を宿命論的に決めるのではないと想定します。

私たちは、親や家族、友人や同僚や先輩、恋人や配偶者という、かけがえのない人びと（significant others）との関わりのなかで、生涯を通して自分を形成していきます。人という存在は、他者に対して自らの心を開き、新たな人間関係を作っていくことによって、変化し成長します。また、関わってきた人を失ったときや、今の関係に不満で変化を求める場合に、自ら新たな関係を作ろうとして、さらに別の人と関わっていくのです。しかしながら、無条件に開かれているわけではありません。新しい人との出会いによって、それまでの人間関係が壊れる可能性がある場合や、今の人間関係が良好で変化を求めないときは、心を閉ざして新たな関係性を生じないようにします。こうして、人との関わりを「開く」、そして「閉じる」という二つの作用によって、変化への要求と安定の必要性との微妙なバランス上に、人間関係の変容と維持という双方の現象が認められるのです。

また、人間関係が複雑に入り組んで、多対多の関係性が存在するために、ある人とは協力したり助け合う反面、別の人とは対立したり傷つけ合ったりするのです。被虐待児の場合、そのまま家族が閉ざされていれば生命の危険さえありえます。その場合、被害にあっている子どもには、家族と離れて新たな関係性を作り出す力がないので、家庭外の大人が閉ざされた家庭を開き、子どもを保護したうえで、家族以外の人間関係の下で育む必要性があるのです。

このことに関連して、エリクソンの世代性（generativity）を取り上げます（Erikson et al., 1986）[5]。世代性の考えは、個人のライフ・サイクルが閉じた系ではなく、前後の世代と「育てられると同時に育てる」という相互性をもちながら成り立っていることを示しています。そしてエリクソンは、ライフ・サイクルの連鎖の担い手が親に限定されないと述べているのです。つまり、子どもという次世代の人間を育成するためには、家族を超えた社会的ネットワークが必要で、母親や家族だけが重要なのではなく、養育するのが誰であっても、子どもの愛情を満たすこと自体が重要だと主張しています。こうして、母親や家族を前提としない用語である、愛着や世代性、そして対人系の意義があるのです。

B　自己組織化と自己実現

次に、生命論で重要な概念である自己組織化とは、多くの要素が絡み合ったなかから、生命体が自らの組織を生成したり、その構造を変化させて、ある種の秩序を自律的に形成していく現象をいいます（Prigogine & Stengers, 1984）[32]。そこでは、安定した状態から遠く離れた状態で秩序が形づくられていくのです。

生命体である人間は、開放系として外界や他者から影響を受けつつも、自ら方向を定めて、主体的に自己を作りあげる自己組織化を示します。この概念は、ノーベル化学賞を受賞したプリゴジンが、もともと化学反応や細胞レベルで提唱しましたが、その後は個体の現象のみならず、生態系、社会・文化、さらには宇宙の生成・進化のレベルにも適用するようになり、自然科学を超えて、人文・社会科学の領域でも成り立つ基本的概念と位置づけられています（プリゴジン、一九九三[33]）。

また自己組織化は、心理学者マスロー（Maslow, A. H.）が提唱した自己実現とほぼ同じ概念ですが、私は自己実現よりも自己組織化概念がより有用だと考えています。マスローのいう自己実現とは、有機体が本性としてもっているもので、有機体それ自体が内発的に成長することだといいます。ちょうど樹木が環境から、日光、水、栄養を求めるように、人間はその社会的環境から安全や愛情を求めます。樹木が日光を必要とするのと同じく、人間が愛情を必要とし、こうした基本的な欲求が満たされると、生命体は環境に対して開かれていき、自己実現へと向かい始めるというのです（Maslow, 1962）[24]。マスローはまた、自己実現が人間機能の最大限の発揮であり、ごく少数の偉人と呼ばれる人に見られる自己実現を五つの欲求階層の最上位に位置づけました。それに対して、自己組織化は五つのレベルすべてを含みます（図5－1）。

私がここで、広く知られている自己実現に代わる概念として、自己組織化を持ち出したのは、マス

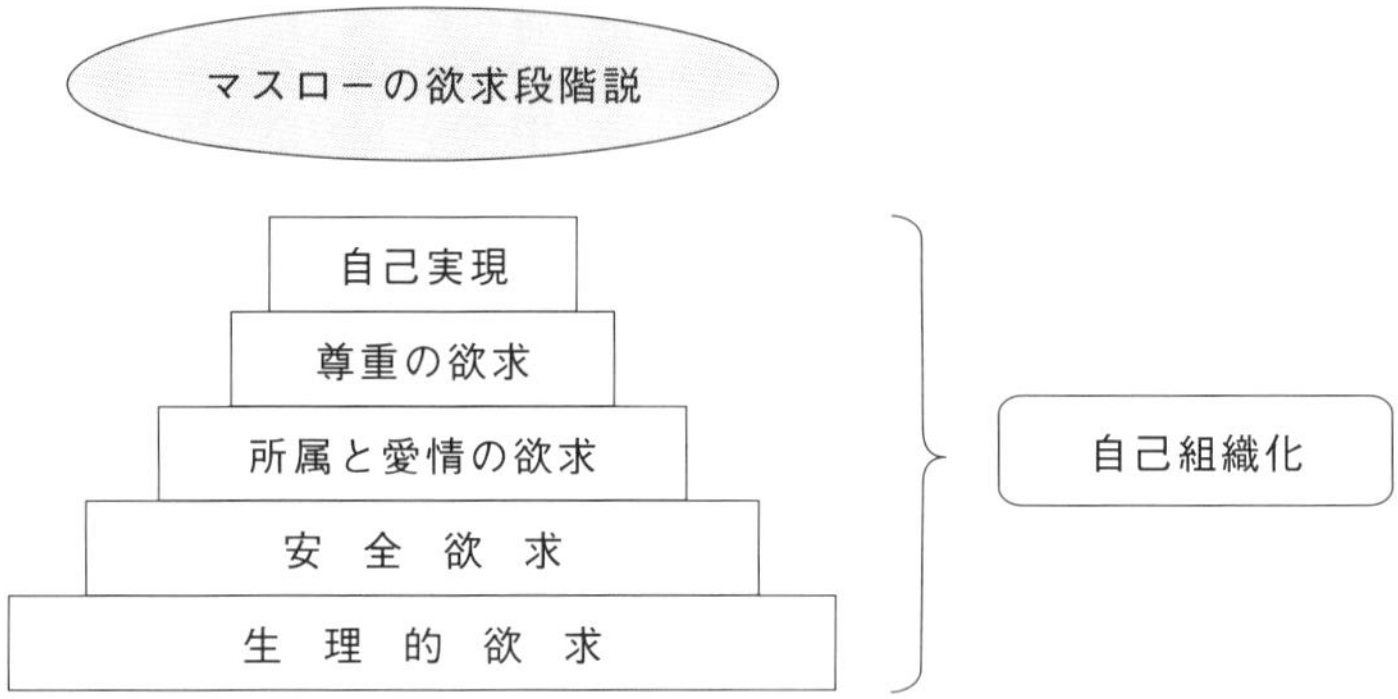

図５－１　マスローの欲求段階と自己組織化との関係

ローのように自己実現をごく一部の特別な業績を残した人物だけに限定するのでなく、すべての人間に当てはめるために必要だと考えたからです。本書で対象としてきた被虐待児の場合は、偉人のようにごく少数の選ばれた人とは対極に位置し、生理的欲求すら満たされず、安全も確保されず、愛情を受けられず、尊重されることなく生きてきました。彼らは親から心身ともに傷つけられ、成長を阻害され、人間性を破壊されてきた生命体なのです。そうした被虐待児に対して、さまざまな欲求を満たし、成長していく条件を保障し、それぞれの人間性を最高度に実現していく存在へと育むためにはどうすれば良いかを自己組織化概念のなかに見い出そうとするのです。被虐待児に対しては、まず生理的欲求の充足が求められるのはもちろんのこと、同時に安全を確保し、愛情をもって受容し、尊重し、そのうえで自己実現へと向かうための援助を行なわなくてはいけません。つまり、マスローのいう五つのレベルのすべてを視野に入れる必要があり、全レベルを含む自己組織化の概念が有用なのです。

自己組織化は、自己だけで達成できるものではなく、必ず他者との関わりが含まれています。それは、自己組織化を行なっていく生命体が、他者・外界との相互交渉を前提とする開放系だからです。ここに、生命論の主要な概念である開放系と自己組織化を統合して理解する根拠があるのです。

C 霊長類の特性・授抱性

人間の新生児の運動機能は未熟で、自分では移動できません。ところが、感覚はかなり発達していて、生まれてすぐ母親の顔を見つめ、声に反応し、匂いを嗅ぎ、お乳の味を見分け、柔らかく温かい母親の胸に抱かれて安心できる五感をもっているのです。このように、人間の新生児は、運動機能が未熟な一方で、敏感な感覚機能をもっているという特徴があります。そして、進化した大脳の働きにより、環境からさまざまな情報を取り入れる学習機能がとてもすぐれています。また、人間の新生児は生まれたときから社会的存在で、授乳中に養育者を見つめたり触ったりして、積極的に関わる高いコミュニケーション能力をもっています。

人間の子どもは、霊長類に共通した、母親に抱きついたり抱かれたりして過ごすという特徴をもっていて、私はその特徴を表わすために「授抱」という言葉を考えて、人間の子どもが「母親（養育者）に抱かれて育てられる存在、と同時に母親（養育者）がそれに応えて抱いて育てる存在」だということを特徴づけました（金子、一九九四[15]・一九九六[16]）。子どもは、母親だけに限定せず、育ててくれる人に抱かれます。そして、養育者は抱くのであり、双方が「抱く、抱かれる」能力を授かっているととらえるのです。この抱くという営みを通して、愛着形成が進んでいくといえるでしょう。そのために私は、授抱性が人間を理解するうえで、とても重要な概念だと考えています。つまり、生物界のなかで哺乳類に属する人間の乳児にとって不可欠な授乳と並んで、霊長類に属する人間の乳児に欠かせない機能として授抱があるのです。以下に、授抱について詳しく説明していきます。

人類の乳児が養育者に抱きつく能力を生まれつきもっていることを示すのが各種の反射です。まず、新生児の手の平を指でさわると小さな手でつかもうとしますし、片手で棒につかまらせて体を持ち上げることさえできる把握反射があります。次に、あお向けに寝かせているときに、驚かせたり、垂直に落下させたときなどに生じるモロー反射は驚愕反射とも呼ばれます。この反射は、霊長類の子どもが森林内を移動する母親に抱きついているときに、木々の間を飛び渡る際の衝撃に応じて反射的に強くしがみつき、落ちないために必要です(鎌田、一九九〇)[13]。人間の乳児のモロー反射は痕跡的にしか残っていませんが、この反射の存在は、母親に常に抱きついていた人類の遠い祖先の姿を示してくれます。また、乳児をなだめるには、抱いて揺らしたり、軽く叩いたりする刺激が有効ですし、裸で寝かされている新生児のお腹に布をまきつけたり、入浴時にタオルを腹側にかけると不安が解消されます。腹部に接触刺激を感じて緊張感がやわらぐ、この現象も授抱性の表われといえるでしょう。

霊長類のなかでも、新生児が自力で母親にしがみつける能力は種によって差があります。ニホンザルでは生後三十分もすれば、母親に自力でぶらさがれますが、チンパンジーなどの類人猿になると、しがみつき能力は弱まっており、生後二、三か月たたないと持続して母親にしがみつきません（糸魚川、一九八二）[11]。チンパンジーの新生児も人間の新生児も、親に抱かれて育てられますが、その後の両者には違いが見られます。チンパンジーの場合は、足にも強い把握力があると同時に、母親にも長い体毛とたるんだ皮膚があり、しばらくすると子どもが手指と足指で体毛や皮膚をつかんで抱きつけるようになります（松沢、一九九〇）[25]。それに対して、人類では乳児の足が直立二足歩行に適した形態となり、足指でしがみつけなくなりました。その一方で、母親の体毛がなくなり皮下脂肪がついたことで、乳児が手指でつかめないのです。したがって、乳児の側に手指による抱きつき能力が残っていたとしても、実際には抱きつくことが不可能となったと考えられます。

さて、自分では抱きつけず移動もできない人間の乳児が、養育してくれる大人と身体接触を保つためには、養育者に世話をする気を起こさせ、実際に抱き上げてもらわないといけません。そのため、乳児は泣いたり笑いかけたり、顔を向けたり手足を動かしたりして、養育者の注意を引こうとします し、その前に乳児の容姿は愛らしく、見る大人を惹きつけるのです。一方、養育者側にも乳児の信号を受け取る仕組みがあります。たとえば、乳児が泣くと親の血圧が上昇し、脈拍が速くなるのです。そして、乳児が笑うと血圧が低下し、脈拍数も減ります。これは兄や姉でも同様で、性別や年齢に関係なく、乳児の泣き声に対して同じように反応してしまうのです（Restak, 1986）[35]。こうして、周囲の人間は乳児の発する信号に対して、やむにやまれず抱き上げることになり、乳児の欲求に応じてくれた人との間で愛着の形成が始まるのです。

他の霊長類に比べて、人類の新生児は把握能力や運動能力が非常に低下したために、養育者に抱かれて育てられることが少なくなってきました。特に、文明が進んだ国々ではその傾向が顕著です。しかしながら、人類は腰布や背負いヒモという用具を使用することで、乳児の抱きつく能力の低下を補っています。また、乳児自体にもあお向けに寝かされたときに、養育者の存在を視覚や聴覚でとらえる定位能力や、離れている養育者を引きつけるための泣きや微笑みといったコミュニケーション信号を出す能力が非常にすぐれていて、養育者と結びつく機構をもっているのです。他の霊長類のように、常に養育者と密着して過ごせない代わりに、視覚や聴覚といった感覚器によって結びつく存在が人類なのだといえましょう。そして、人類の乳児は他の霊長類に見られない高度なコミュニケーション能力をもっているので、乳児と養育者が身体的に分離した状態であっても、精神的には分離しないという、発達障害を回避する機構が備わっているのです。

ところで今日、小児科医の間で、「サイレント・ベビー」といって、母親の目を見て笑うよりも蛍光灯をじっと見つめている無表情の乳児のことが報告されています。国立京都病院医長の石田（一九九三）[10]は、外来の乳児の十人に一人が当てはまるといっています。抱いて欲しいと泣き叫んでも、親もかまってくれないとあきらめて、泣くのをやめてしまう乳児が一般家庭で増えているそうです。このような乳児は、「凍りついた瞳」や「笑わない子」の特徴でも知られていて、親から虐待された り放置された子どもに多く見受けられます。しかし石田は、百例以上のサイレント・ベビーを診療して、生後六か月までだったら、二、三か月間しっかり抱くことで、急速に回復したと記しています。

また、タッチ・ケア（massage therapy）という、アメリカで開発された、乳幼児から大人まで治療効果が確認されている療法があります（斉藤ら、二〇〇二）[36]。最近では、日本の新生児医療の場で、退院前に母子関係の形成を支援する方法として行なわれています。乳児の全身をゆっくりマッサージすることで、母子の接触を増やし、母親が子どもを受容し、子育てを楽しむことが期待されています。その効果として、母親の感想には、「タッチ・ケアを始めてから、私の手と子どもの身体の触れ合いで、愛情が次第に増していったように思われます。特に背中のタッチ・ケアが好きで、泣いていても泣きやみます」という感想が寄せられていますし（吉永、二〇〇二）[46]、母から子への関わりを促進させ、母親の不安を軽減し、子どもの発達を促進すると報告されています（斉藤ら、二〇〇二）[36]。

他方、肌と肌の触れ合いに不快な体験を積み重ねてきた被虐待児のなかには、大人に触れられて警戒して身を引く行動が見受けられます。こうした子どもたちに対しては、親密な触れ合いが心地よいコミュニケーションなのだということを、治療者との運動遊びや身体接触による治療を通して学び直す必要があります（James, 1994）[12]。児童精神医学者のウィニコット（Winnicott, 1965）[43]は、母親がもたらす包容的環境（holding environment）という概念を仮定して、身体的抱擁が最も大切であると主張しています。

「泣く子は育つ」のだから、泣いても放っておき、そのまま泣かし続けるのではなく、泣いて欲求を表わす赤ん坊は、大人に世話されて良く育つが、泣かない赤ん坊は手をかけられることなく放っておかれるから育たないのだ、と解釈すべきです。「泣く」という非言語的コミュニケーションに応えて、養育者が抱いてあやすから心身が育っていくのですから、「泣く子は育つ」し、同時に「抱く子は育つ」のです。

ここで、人間の育児特性を理解するために授乳にも触れておきます。人類を含む霊長類の母乳成分は他の哺乳類全般に比べて乳脂肪が少なく、乳糖が多いという特徴をもっています（山本、一九八三）[45]。固形成分が少なく、カロリーの少ない組成の母乳では、乳児は三、四時間たつと空腹になり、授乳をせがみます。また、その間隔は一定ではなく、一人ひとりの乳児によって違っていて、月齢が進むにつれて変わっていきます（Kaneko, 1996）[17]。そのため、母子は長時間離れられず、乳児の要求にすぐ応じられるようにせざるを得ません。

しかしながら、文明の進歩に伴って母乳哺育が低下して、乳児が欲しがるときに母親が胸をはだけておっぱいをふくませる光景を見かけることが少なくなりました。たしかに、現代の人間社会では、人工栄養の普及によって、母乳の出ない母親に育てられる乳児や母親を失った乳児が数多く救われてきました。しかしその一方で、母乳の出る母親から母乳哺育を奪ってきた歴史があり、それは今日も続いているのです。人類という哺乳類、かつ霊長類に属する生物種としての、子どもの生存と発達に必要不可欠な要素として、授乳や授抱を保障する育児が求められるのです。

ところで、母乳哺育は子ども虐待とも関連があります。一例を挙げると、小児科医の小池（二〇〇三）[22]は、新生児集中治療施設で調査した結果、子どもを虐待した二十二人の母親のうち一人（四・六％）しか母乳哺育を行なっていなかったと報告しています。わずか二十二例の調査ですが、出生後本来与えられるべき母乳をもらえていない事実は見逃せません。

授乳のとき、母乳か人工栄養であるかに関係なく、母親が抱き上げ、肌と肌を触れ合わせ、目線を合わせ、話しかけて子どもが応じるなかで、授抱やコミュニケーションが同時に成り立っているのです。こうしてみると、哺乳類としての授乳、霊長類としての授抱、そして人類としての高度なコミュニケーション能力という特徴をすべて組み入れた養育を新生児期から行なっていくことが、人類という生物種の特性に則したあり方だといえるのです。このことは、家庭で育つ子どもだけでなく、不幸にして実親に育てられない子どもにも当てはまります。母乳か人工栄養か、実母か他人による養育か、などの形態の違いを超えて、授乳や授抱、そしてコミュニケーションの尊重は、すべての子どもに対して普遍的に保障されなければならないのです。

2　当事者が語る修復過程

A　エドワードさんの成長

心の欠損感を埋めて自らを回復させるために、エドワードさんは他者との関わりを切実に求めてきました。また、過去は自己を形成する一部分であるから、過去を受け入れることによって初めて、未来に向かって生きようとする現在の自分が成り立つことに気づき、自分の辛い過去を人に語り、手記を公開してきたのです。そして、人は実親に育てられなくても、愛されなくても、傷があっても育っていけると主張します。その一方で、他者と関わり、他者の生命を育むことで、自らの生命も育て直しができるのだというメッセージを発しているのです。こうした彼の歩みは、他者との関係性のなかで人生を展開し、自らを組織化し成長させようとして生きる個の典型だといえるでしょう（金子、二〇〇二）[19]（［　］内は筆者の表現）。

欠損感を埋めるため、女性とつき合っても、それを埋めきれず、究極の寂しさともいうべき欠損感を抱えて生きていた。

縁あって、結婚したが、妻も、その欠損感を埋めるには至らなかった。子どもが産まれ、妻の体が弱いこともあり、懸命に子育てをした。毎日のようにお風呂に入れ、寝かしつけ、休日は、ひたすら抱っこしながら、お出かけをした。ひたすら、子どもを抱っこし、夢のような日々だった。

子どもが三歳くらいになったとき、ふと気づいた。あれほどに狂おしく私を苦しめた欠損感が、完全とはいわないけど、消えていることに。たぶん、子どもとの関係のなかで埋まっていったのだと思った。

［心の欠損感は］無くなっていないけど、もういいやという気持ちだ。無くなっていないけど、周りが大きくなっているから相対的に小さくなっている。

人間関係で埋めてきたのではなく、自分が大きくなったから、空洞が相対的に小さくなった。

「四十にして惑わず」という言葉どおり、四十歳前から揺るがない自己の確立を感じた。欠損感自身の大きさが変わらないとしても、自己が大きくなったので相対的に小さくなった。前は大きな空洞だったが、単なる隙間になったみたいだ。たまに切なくなるが、余裕がある。

ボクのなかに、一つのイメージが広がった。

幼い木が、幹に醜い大きな傷を受けながらも、懸命に育っていく。大きな傷に、全身が痛みながら、育つ度に傷が引きつり、その度にうめき、痛みに泣き、それでも育つことを止めず、懸命に育っていく。痛みに耐え、傷を癒やすすべも知らず、時には命の危機にさらされて、それでも育っていく。風が吹く度に傷が痛み、涙の雨にやさしく癒やされ、夜の闇に包まれ眠りにつく。しずかに、ゆっくりと、ひとあしずつ、時が流れる。

いつしか、その傷をも包み込み、傷も一つの節として木の一部になり、木は大きく成長していく。傷は、いつまでも残り、痛みを発し、存在を主張するけど、木の成長する力にかなわず、木の成長を止められず、木の成長を脅かすこともできず、いつしか古傷となり、木が成長するに従い、相対的に小さくなっていく。

木は、天を目指して、上へ上へと成長し、ふと気づくと、辺りを見下ろす大木になっている。大きく枝を広げ、葉を茂らせ、果実を実らせる。春にはたくさんの花が咲き、夏には涼しい木陰を作り、秋には豊かに果実を実らせ、冬の木枯らしを防ぐたてになる。多くの動物たちが集まり、憩う場となる。

そして、大木となった今、次の世代の幼い木を、慈しみ、育（はぐく）み、温かく成長を見守る。

今日のさまざまな福祉援助のなかで、ナラティブ・セラピーが注目を集めています。このセラピーは、いままでクライエントを苦しめてきたとらわれの物語（例「親に愛されなかった子どもは人を愛せない」「虐待されて育った子どもは、自分が親になったときにわが子に対して虐待を繰り返す」）を希望ある新たな物語（例「親に愛されなかった子どもも人を愛せるようになる」「被虐待体験をわが子に繰り返さない」）に語り直す場を提供することによって、それまでの人生における大きな問題をもはや問題とは感じない、新たな自己物語の主体となる可能性を開くものなのです（十島、二〇〇一）[40]。エドワードさんは、誰の助けも得られないまま、自らナラティブ・セラピーを行なって、自己組織化へと歩んできた人だともいえましょう。

また彼は、知的能力が高く、意志も強かったために、同期の施設出身者のなかでも例外的に良い方向へと人生を歩んできた人物といえます。幼少期に家族が崩壊してしまい、その後も不安定な人間関係のなかに生きてきたにもかかわらず、妻子や後輩との関係性を自ら組織化し、今では定職をもち、二人の子どもの父親として、さまざまな社会活動を行ないつつ、ホームページを運営して、社会的発信を続けているのです。こうした彼の半生は、生い立ちからは予期できないもので、彼の人生が社会との関わりのなかから自発的に組織化される、まさに創発（emergence）（金子・津田、一九九六）[14]

的な現象といえるのです。
そんなエドワードさんでも、支えてくれる大人の不在により、浮浪者の一歩手前まで転落したことがありました。子ども時代から彼を支えてくれる大人が一人でもいれば、彼はこれほど苦しまずにすんだはずです。何よりも、親に代わって愛情と専門性をもって子どもを育てるべき児童施設職員が、体罰や性的虐待で彼を深く傷つけたことは見逃せません。

B　穂積さんの回復

次に、少女時代に性的虐待の被害にあった穂積さんは、虐待を木の幹に打ち込まれた楔（クサビ）にたとえて、それからの回復過程を表わしました（［　］内は筆者の表現）。

回復とはどういうことかを考える時、私はいつも木を思います。
小さな木の芽生え。みんな栄養を吸って、上に上に伸びようとしている。自己と外界の未分化な、まったく非力な、他の人という世界にすべてをゆだねて生きているこの時期に、最も必要な栄養は何か。（中略）
成長した木に楔《くさび》を打ち込んでも、その木は少々のことでは歪まない。けれど、小さな芽、若木とさえ呼べないような小さな木には、楔は決定的な傷を与えます。小さな木は枯れるか、曲がって伸びるよりない。子どもとは未発達、未分化な存在であるという把握が理解の鍵です。

木が小さいうちはその差は目につかない。けれど何年もたつうちに、ほかの木は上に伸び太り、自分は一生懸命伸びれば伸びるほど斜めに傾いていく。おかしいなあ、変だなあ、どうしてほかの木のように上へ伸びることができないんだろう……。（中略）

楔を打ち込まれている痛みを感じ、それを取り除き、斜めの自分を少しずつ上に立て直したら、その時やっと過去になるのです。その時こそ忘れていいのです。

被害者が痛みを感じる能力、楔を打ち込まれていることを忘れたり、見ることをあきらめたが最後、回復は絶対不可能になる。閉ざされる。木は死ぬまで斜めのまま。（中略）

［楔をはずした］それは大きな素晴らしい成長です。けれど、それだけではやっぱり発育不全の傾いた木。楔の抜けたあとは大きな空白となり、放っておけば、これまでの習性どおりすぐ傾き始める、栄養の足りないやせっぽちな木。（中略）

上に伸びるがっしりとした幹の木になるのは、回復への自分の意志のみでなく、支えと栄養が必要なのは明らかですよね。（中略）

［この］段階で必要な栄養は、子どもが必要としているものと同じです。小さくてもいい、安全なやさしい、そしてモデルとなる健全な世界に包まれること。いわば、もう一度子どもになってインプットしなおす作業。発達しなおす作業。（中略）

これは一人では絶対にクリアできない。信じるに値する人に恵まれ、はじめてできること。

（穂積　純『甦える魂』⁽⁷⁾）

生命論の見地に立てば人の未来は定まっておらず、第三者が客観的に予測できません。そうしたなかにあって、現在虐待の後遺症に苦しみ、世代間連鎖を起こす可能性にさらされている人が、将来虐待による傷を克服できるかどうか誰も予測できません。しかし、エドワードさんや穂積さんの人生物語に共感し、そのように生きようとするならば、過去を受け入れる勇気を得て、心を開いて人と積極的に関わり、支えてくれる人に出会う可能性が増えるでしょう。そして、その結果として、虐待の世代間連鎖を防ぐ方向に人生を歩んでいくと想定できるのです。

世の中が無常（常に同じものは無い）だからこそ、不幸が永遠に続くわけではありません。不幸な人生も幸福に転化していく可能性があるのです。そのためには、子ども時代の人間関係に縛られず、家族外に開かれた関係性を自分の意志で作り上げ、自らの人生を方向付けなければなりません。人は、運命や子ども時代からの家族関係に縛られて、現在や未来が決まってしまうという、決定論的に過去にとらわれるだけではなく、自分の意志で自らの人生を構築していく存在だからです。

C　心の修復を表わす木の成長モデル

二人の語りを取り上げたのは、いずれも子どもという生命体を成長しつつある若木にたとえているからです。江戸時代の思想家は、「木を育てるのも子どもを育てるのも同じこと」と表現していますが、心の成長という目に見えない現象をイメージするのに、木の成長でたとえると良く理解できたのです。

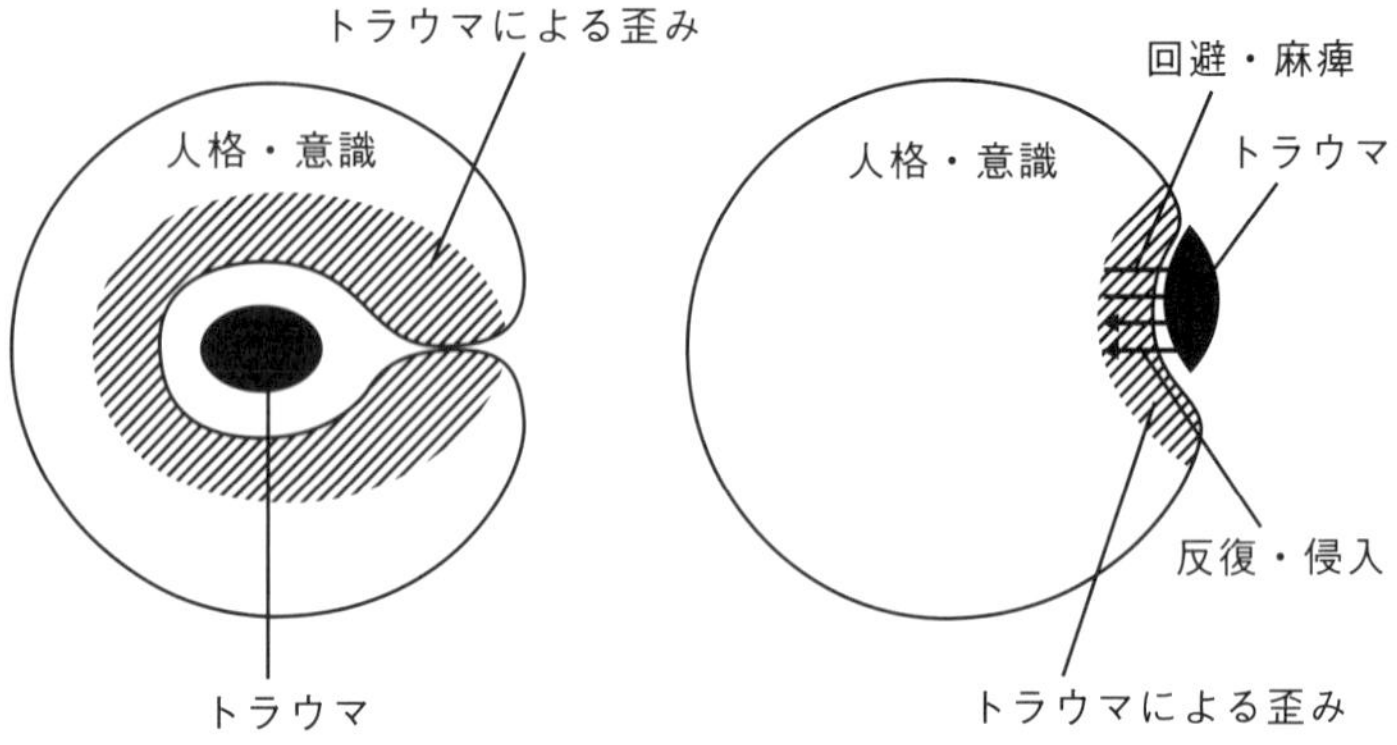

a. 中心部に位置するトラウマの影響　　b. 周辺部に位置するトラウマの影響

図５－２　トラウマの模式図（西澤，1997）

まずエドワードさんの成長モデルとして、西澤（一九九七）[29]のトラウマの模式図を参考にします（図５－２）。図５－２ｂは大人の場合で、トラウマの存在によって人格が歪められますが、それが人格の周辺部に位置するため、トラウマによって影響される範囲は限られています。一方、子どものころのトラウマ体験は、図５－２ａのように人格の中心部を侵し、人格全体を歪めてしまうと西澤は仮定しています。

これらの図を輪切りにした木の幹に見立てます。図５－３は、幹の中心部が傷ついているエドワードさんの木です。幼いときに被った中心の大きな傷に脅かされながらも、細い木は成長を続けていきます。いつしか中心の傷を包み込んで、幹が大きくなっていき、傷はいつまでも残るけれども相対的に小さくなってしまうのです。幹が大きくなるまで、十年、二十年とかかるでしょう。その間、成長し続け、エ

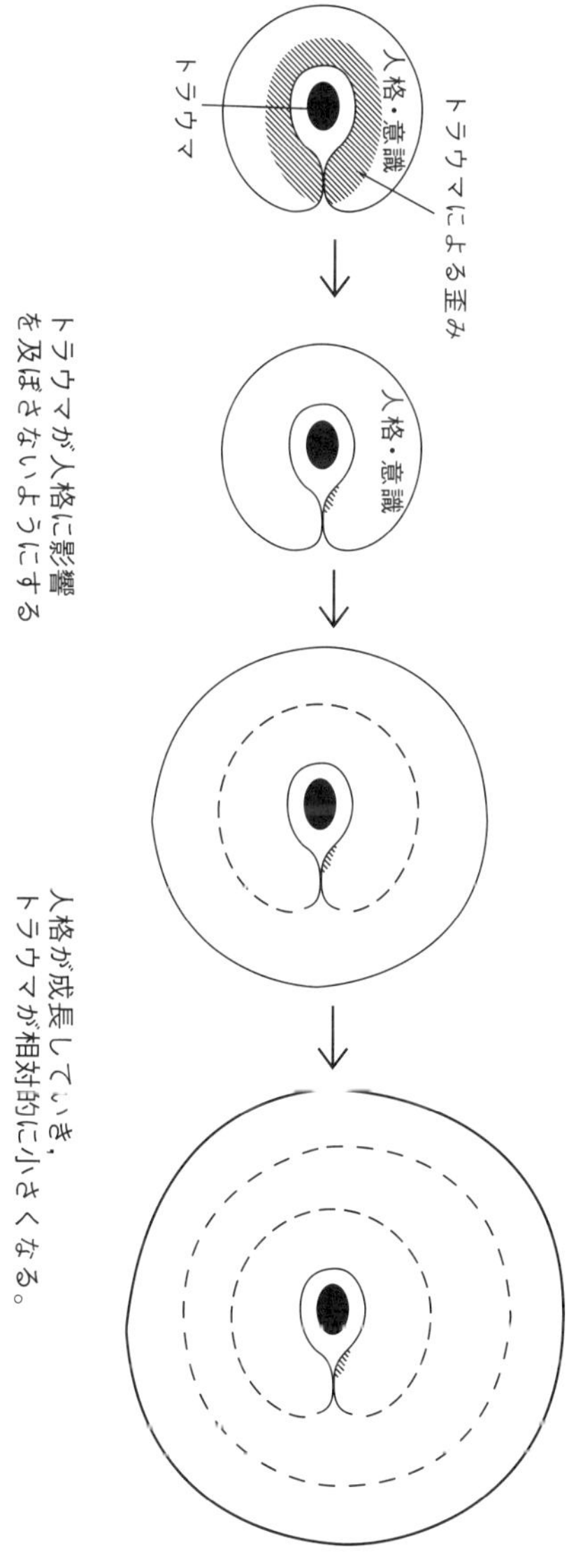
トラウマによる歪み
人格・意識
トラウマ
人格・意識
トラウマが人格に影響を及ぼさないようにする
人格が成長していき，トラウマが相対的に小さくなる。

図5-3　エドワードさんの木の成長モデル（輪切りにした木の幹として表わす）

ドワードさんのように四十歳を過ぎるころには、大木となっているのです。

次に、穂積さんの場合は、幹に楔（クサビ）を打ち込まれて傾いてしまった左の木が、幼いころ性的虐待を受けた自分の姿です（図5－4）（穂積、一九九四）[7]。どうして自分だけは、右側のまっすぐに伸びていく他の子どもと違うのだろう。上に向かって伸びようとしても、押さえつける力がかかって、どうしてもまっすぐに成長できないのです。この状態から回復するには、まず自分の幹に痛みをもたらすクサビが打ち込まれていること（性的虐待を受けたこと）に気づかないといけません。そして、幹のクサビをはずし、幹をまっすぐに立て直します。そのうえで、長い時間をかけて成長し直すのですが、木が成長するためには支えと栄養が必要なのです。

木の成長には土、太陽、空気、水、栄養分が必要不可欠なように、子どもの健全な精神発達には家庭で、愛情、安心、受容、さまざまな体験が保障される必要があります。それらをもたらすのは、一般には共に家庭で暮らす愛着対象の親です。家庭環境のなかで長年かけて、子どものなかに安心感が生じ、人間に対する基本的信頼感が育ち、自己を肯定でき、自信を抱いて成長していくのです。それに対して、重度の虐待家庭の子どもは、カチカチで栄養分のない、陽光も射さない土地に生えている木なのです。土を掘り起こし、空気や水や栄養分をたっぷり含んだ土に変えていかないといけませんし、場合によっては、陽の射し込む別の場所に植え替えないと成長できません。つまり、家族への支援や、家族から分離したうえで、社会的養護の場に委ねるのです。

これに関連してボウルビィ（一九八八）[3]は、「感受性に欠け、応答的でなく、放置しがちな、ある

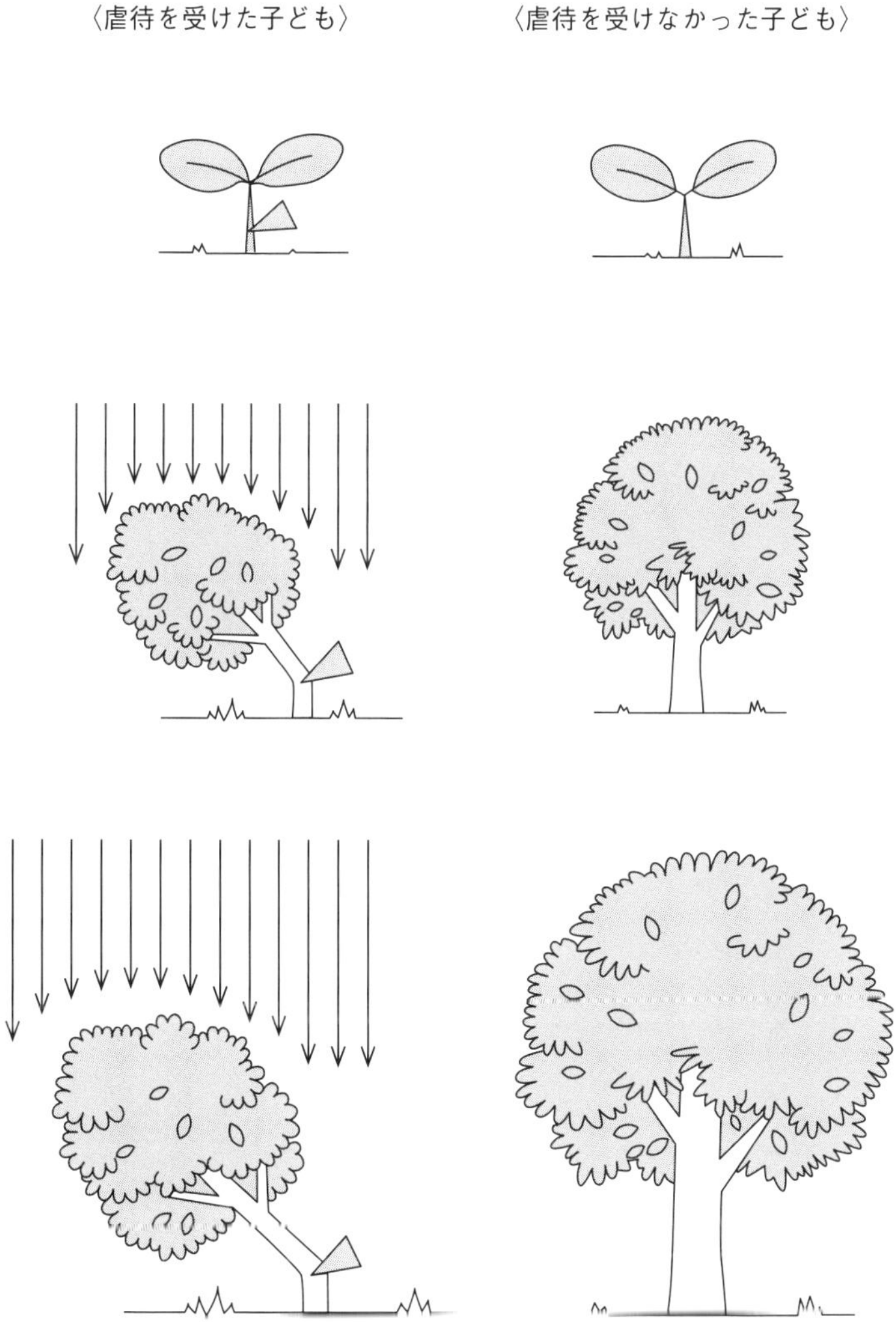

図５-４　穂積さんの木のモデル（穂積，1994）

いは拒否的な親をもつ子どもたちは、ある程度精神的に不健康で、もしも非常に不運なできごとに遭遇すると、挫折しやすくなるような、逸脱した経路に沿って発達する傾向にある。しかし、たとえそうであっても、引き続いて起こる発達の方向性は、固定されておらず、途中で変わりうるので、子どもは、より好ましい方向にも、反対に好ましくない方向にも経路を移ることができる。発達的に変化する能力が年齢によって減少しても、変化は、生涯をとおして続くので、より良い方向への変化も、より悪い方向への変化も、いつも可能なのである。人生のどんなときでも、人は起こりうるどんな逆境にも打ち勝つことができ、そしてまた人生のいかなるときでも好ましい影響が及ばない人はいないということを意味しているのは、まさにこの変化に対する永続的な可能性によるものである。効果的な治療を行なう機会を与えてくれるのは、まさにこの持続する変化の可能性なのである」と記しています。

D　虐待を受け入れ、支えてくれる人を得る

虐待の世代間連鎖を防ぐには、①虐待の事実を受け入れることと、②安定した信頼関係の下に支えてくれる人を得る要因が必要だと考えられています（Hunter & Kilstrom, 1979[8]; Egeland et al, 1988[4]; Steele, 1986[39]; 藤森、一九九九[6]・渡辺、二〇〇〇[41]・金子、二〇〇二[19]）。後者に関しては、子どもの成長期に支える人たちや、成人した後の新たな家族、つまり配偶者や子どもたちが当てはまります。そのなかには、家族外の多くの人びと——養親、里親、施設職員、カウンセラー、ソーシャルワーカー、

保育・教育関係者、友人、恋人、職場の同僚、地域の人びとなど——との関係性も入ります。被虐待児が自らの人生を自己組織化していく前提としては、世界・他者に対して開かれていて、世界・他者と関わる活力を引き出し、新たな関係性をつくり上げることだといえます。たとえ家族から受容されなかった子どもであっても、家族以外の誰かに受けとめてもらえたという肯定的な体験がその後の成長に大きく役立つのですから、他者との間に安定した信頼関係をもっていることが虐待の傷からの回復にとても重要だといえましょう。こうして、被虐待児へのソーシャル・ワークの一つとして、彼らが信頼できる誰かと安定した関わりをもてるように支援していくのです。

要するに、長期間にわたって支え合うのは、虐待を受けた人と生活を共にして、確固たる関係性を築いていく人びとなのです。体験者の速水さんはこう語っています。

虐待、いじめ、不良少年、恐喝、ヤクザ、薬物。人から嫌われる、陰という部分を経験した私には、幸せを人から与えてもらえる資格があるのだと真剣に信じていた。しかし、そんな幸せはいっこうに与えられなかった。当たり前である。幸せになる努力をしたことがないのだから。でも、二年前絶対に受け入れてはくれないと思っていた女性と付き合うようになり、私の心も大分変わってきたように思う。人から支えられる喜びを私はこの女性から教わった。

あのころの私には現実感がまったくもてなかった。大人を憎み、壊れた心を癒やす方法ばかりを探していた。そして薬物へと逃げた。自然に、ヤクザの世界にも足を踏み入れた。薬物を手に入れるのに一番近いところだったから。そして薬物による犯罪を繰り返し、薬物から手を切ったのは二十代後半だった。（なんで？　すぐやめれば良かったのに）とよく人は言うけれど、これぱかりはやった者しかわからない。そして、一般の会社になど入れる訳もなく、アングラ的な夜の商売へと身を投じた。この時自分で決めたことが一つある。それは薬物には手を出さないこと。これだけは今でも守れている。

そんな、そんな私が、人を支えられるような人間になりたいと思ったのである。切っ掛けはその女性と入籍したことと、新聞や本で同じような少年が犯罪を繰り返すのを知ったことだった。もう、私と同じつまらない人生を送る人を作り出したくない。人に愛されたり、愛することって、こんなに素敵なんだよって、私が彼女から教えられたように、誰か一人でも教えたくて、本を書いてみた。

すべてをさらけだすことは今だにできていない。でもいつか必ず、彼女のために、そして私を支えてくれた友達や両親や先輩のために、なによりも自分のために、人に認めてもらえるように努力したいと思っている。

何度もくじけそうになったとき、手を差しのべ、笑って励ましてくれた妻に感謝を込めて。

速水さんのすべてを決定的に変えたのは妻でした。彼が人並みの生活ができるようになったのは、彼女の愛情でした。彼女と結婚したい、家庭をもちたいと心に決めたとき、速水さんははじめて自分の過去を彼女に打ち明けました。それに応じて、「自分も子どものころ同じ体験をしていたら、同じように犯罪を繰り返したと思う」という彼女の言葉を素直に聞けたと速水さんは語っています。

次には、父親からの身体的、性的虐待にひどく傷つけられた女性の手記を紹介します（椎名、一九九五）[37]。彼女の人生を変えたのは、友人たちや、父親に強姦された女性と知ったうえで結婚した夫でした。

前を見て

父はカッとなると口より手が出る様な人でした。子どもにありがちな食事中テレビに夢中になり手が休んだり、ついひじをついてしまった時など、いきなりぶたれたり。オモチャの取り合いなどできょうだいゲンカしてると、「うるさい」と言うより先に何度か平手打ちされ、しかられた痛みと怖さで泣いているとなおもぶたれ、鼻血やアザはしょっちゅうでした。父の暴力に耐えかねて母は家を捨て、中学に入ってからは父子家庭になり、私は家がイヤで、仲間と悪い遊びをするようになりました。

その年の夏休み、ヤケになって初体験し、帰宅。暗い部屋で父に小言を言われてましたが、突然人が変わったように襲いかかり、私は実の父にレイプされました。「一度やってしまったら何度やっても一緒だ！」あの父の言葉を私は一生忘れる事はできないでしょう。体の傷より心の傷の方が大きいです。未だに引きずってる部分もあります。父がこの世にいる限り、私は幸せになれないと思っていました。

普通じゃない私。死んでしまいたかった。

でも今は幸せです。もうすぐ三十歳になるけれど、生きててよかったと思える事がたくさんあります。あのころ支えてくれた友人や、優しい主人がいてくれるから。思い出して落ち込むより前を見て生きて行きます。もし今子どもができたら生みます。あわてず自然にまかせようという結論になりました。私自身のために、一歩前進し、過去があるから今の幸せがあると考えます。

（椎名篤子編『凍りついた瞳（め）が見つめるもの』[37]）

E　ライフ・ストーリーの意義

もし、彼らと同じように子ども時代に大人たちから虐待されたら……。おそらく、同じように苦しみ続け、すさんだ人生を歩んだだろう、と思ってしまうのは、私だけではないはずです。また、当事者の語りから、人が非行や犯罪を繰り返したり、自殺を図るまでに追い詰められた心の闇を窺い知ることができます。そして、社会的に葬り去られるところまで堕ちたとしても、過去を受け入れて新たな人と共に生きようとすれば、人生を立て直す可能性があるという希望を抱けるのです。

当事者が語るライフ・ストーリーには、事実の誇張、歪曲、忘却等が入っている可能性があり、客観的な事実だと実証できません。しかし、そこには自らの人生に対する主観的な真実があるのです（やまだ、二〇〇〇）[44]。こうした主観的な語りが他者の心を揺り動かし、共感をもたらすならば、そこには間主観的な共通性が存在していて、河合（二〇〇一）[21]は「間主観的普遍性」と称しています。実際、エドワードさんの主催するホームページには一九九九年に開設して以来、二十六万を越えるアクセスがあり、彼の手記には多くの共感が寄せられています。虐待を克服した人、サバイバーの主観的な語りが貴重なのです。

本人でしか表現できない生きた言葉によって語られた人生の真実が、共感を伴って具体的なモデルとして他者に伝わり、彼らのように生きられれば、虐待を受けた過去を乗り越え、人生を良い方向へ定位することが自分にも可能だという希望を読み手に抱かせます。言い換えれば、主観的語りだからこそ、他者の主観に強く伝播し、一人の人物のライフ・ストーリーは典型的な事例であると同時に、間主観的な共通性をもつ人生モデルとして、あとに続く人たちに対して具体的な指針となるのです。

彼らが異句同音に語ってきたのは、自分を愛して受け入れてくれる大人をいかに求め続けていたか、なのでした。そんな大人がいないと、一部がいつまでも子どもの心のままで、内なる子ども（inner child）を抱えたまま成人となっていくのです。その欠損した部分が満たされないと、年齢を積み重ねても、自分がいつまでも大人になれないのを無意識ながらもわかっているからこそ、何かに突き動かされるかのように振舞い、それが反社会的行動や非社会的行動として行動化しているように思えます。

今日、語り（ナラティブ）によって、クライエントの過去を整理することで、精神を癒やし、人生を積極的に生きる力を引き出そうとするナラティブ・セラピーが進展してきました（十島、二〇〇一）[40]。

人を縛り付けてきた過去という現実は、不変で永続的なのではなく、人間関係のなかで変容し、社会的に構成されるものなのです。ですから、あまりにも辛く悲惨だった体験を思い出せず、あるいは断片的にしか記憶していないがゆえに、深い悩みや苦しみを抱えてきた人が、語りを通して過去から現在までの心境を言語化し整理することで物語的な記憶へと統合していき、心の平穏を得て、新たな出会いと主体的な人生を求めていこうとすれば、幸せな後半生を構築する可能性に開かれているのです。

生命論的人間観では、人の未来は未定で、第三者からは予測できず、出会いや偶然に左右されます。そのなかで、人という生命体は、未来に向かう目的や希望を抱いて他の生命体と共に生きることによって自らの人生を作り出す、自己組織化を行なっています。また、過去を背負い、現在に生きる生命が、他の生命と未来に向かって生きるなかで、それまでの人生からは想像できない展開、すなわち創発が生じるのです。

この点は、哲学の世界で実存主義や反機械論として考察されてきました（中村、一九七七[27]）。中村によると、まず私たち一人ひとりの人生、一人ひとりの存在は、現実の社会や家族関係のなかで、さまざまに条件づけられ、決定されているのです。生まれた国、社会、時代、境遇等によって、私たちは自分の意志や意向とかかわりなく、過去を背負わざるをえないのです。しかし、たとえ一人ひとりの背負っている過去が動かせないとはいっても、それは事実としてのことにすぎません。一人ひとりがその過去に起こった出来事をどのような意味をもったものにするかは、現在の、また未来の問題であり、過去に縛られているなかでも、なお多くの可能性や選択の余地が残されているのが、可能性を秘めた人間というものであり、人の一生なのです。

次に中村は、心身二元論的機械論に基づいた自然界を支配する因果性も決定論も、精神に対しては力が及ばないのであり、サルトルもいうように、人間にとって実存するとは、この世界にあって完全な自由のうちに自己を選ぶことであり、自己を創り上げることだと続けます。身体を持って生きる自己が世界に向かって、とくに他者との関係のうちに開かれる過程で自己を組織化するのですから、ただ機械論的な身体論のまなざしに囚われることから抜け出しさえすればよいのです。私たち人間は、生物的、生理的な個体だとしても、一人では「私」ではなく、周囲の人との関係性のなかではじめて「私」が成り立つのです。人生は、多くの要因が相互に連関するなかで進むのであり、しかも出会いという偶然にも翻弄されながらも、一定の方向に自己組織化していくのです。

3　医学・心理治療と環境療法

第1章で触れたように、身体的虐待によって傷ついた子どもは早期に保護し、医学的治療を施さないといけません。殴る蹴る、投げ落とす、強く揺さぶられて、ひどい外傷を被ったり、外見は何ともなくても、脳神経や内臓に大きな傷害が生じている可能性もありますから、総合的な医学診断を行なう必要性があります。また、ネグレクトによる栄養失調状態を治療するために、成長ホルモンの分泌状況も検査しなければなりません。そのうえで、外科的、内科的、精神医学的な治療に移ります。特に、乳幼児の場合は、第1章で取り上げたように、大きな後遺症を引き起こす危険性が高いので、急を要します。外科的治療を終えて退院した後も、経過観察が求められますし、後遺症に対する長期間の治療が必要です。

次に、最先端の被虐待児治療の研究を紹介し続けてきた西澤（一九九七[29]・一九九九[30]・二〇〇三[31]）の説に沿って、被虐待児の心理治療について取り上げます。

被虐待によるトラウマ（trauma：心的外傷）は、どれだけ時間が経過しても自然に癒えていくことはありません。したがって、そのまま放置していれば、成人期以降の人生に大きな悪影響を及ぼし、場合によってはわが子を虐待する親になってしまうという世代間連鎖をもたらす可能性が高いのです。トラウマを解消するため、早期に心理治療を開始し、下記の回復的接近と修正的接近を行なうことが求められます（西澤、一九九九[30]）。その際、十歳を越えるまで放置していては、プレイセラピーに導入しても、その子の治療テーマに入っていきにくいので、できるだけ小さいときから関わらないとだめです（西澤、二〇〇三[31]）。

まず、回復的接近では、トラウマ自体の解消を目指したカウンセリングやプレイセラピーを行ないます。特に、言語的関わりが困難な幼い子どもの場合、遊びを通して治療を行なうプレイセラピーが重要となります。たとえば、親に火の点いたタバコを押し付けられた子どもだと、人形にチョークや棒を押し付ける遊びを通して、虐待体験を再現し、怒りや恐怖の感情を調整し、その体験に安心や安全の要素を付け加えていくことにより、治療が進むと考えられます。その過程は次の三つの段階からなっています。まず、抑圧されたり解離されている体験の記憶をもう一度経験し（再体験）、その体験に伴って生じた感情や感覚を解き放つ（解放）ことによって、トラウマは次第に子どもの歴史のなかに再構成され（再統合）、現在の自己意識と統合されて、トラウマが解消されるのです（西澤、一九九九）[30]。

次に、修正的接近は、トラウマそのものの治療ではなく、トラウマによって生じたさまざまな心理的歪みや対人関係上の障害に働きかけて、それらを修正することを目標とする、間接的アプローチといえます。この過程には専門家以外の人も対応可能で、家族・保育者・教師・友人・地域住民・福祉従事者などの多くの人が、子どもの日常生活のなかで長期的に関わり、治療的働きかけをしていきます。

この修正的接近の目的は、まず非虐待的で安全な環境を保障することです。そして、子どもの抱える心理的、情緒的な問題を解決するために、子どもの生活環境を心理療法的に活用しようとする環境療法なのです（西澤、一九九九）[30]。この療法では、①安全感、安心感の再形成と、②保護されているという感覚（保護膜）の再形成を基盤として、③人間関係の修正、④感情コントロールの形成、⑤自己イメージ・他者イメージの修正、⑥問題行動の理解と修正を行なうことにより、虐待を伴わない人間関係の下で安心して生活できるようになることが修正的接近の最終的なゴールだといえましょう。

つまり、環境療法とは、子どもが日常を過ごす生活環境の心理療法的統合であり、子どもの世話をして、生活を共にすることを通して愛着形成を図る養育担当の職員の存在が重要となります。さらに、養育する職員と心理治療者との連携も忘れてはなりません。しかしながら、以上の回復的接近と修正的接近の両方を行なえるわが国の機関は、現在のところ存在しないと言わざるを得ない、と西澤(一九九九)[30]は問題提起しています。

さらに考慮しなくてはならないのは、本書の第1章から紹介してきた三人の当事者が語ったように、被虐待の後遺症が学童期には潜在していて、思春期や青年期に顕在化する事実です。その影響は、引きこもり、摂食障害、そして自傷などの非社会的行動として、あるいは暴力や非行などの反社会的行動として現われます。十代後半から二十代前半の時期を支援できる体制がなければ、それまでの治療や養育が無に帰する危険性があるのです。愛着の視点からも、子ども時代から継続する関係性が青年の精神的安定や精神発達において、非常に重要になるのです。

4　修復への三つのポイント

これまでの事柄をまとめてみると、虐待による身体的・精神的傷を治療する医学・心理的治療と、非虐待的環境のなかで新たな愛着形成を行なうことが被虐待児対応にまず求められます。そのためには、①小児科医や、子どものプレイセラピーやカウンセリングなどの治療ができる児童精神医学者や臨床心理の専門家を置いた治療教育の場と、②子どもと長期間生活を共にして、永続的で安定し

表５－１　被虐待児の対応に不可欠な三つの要素

1．当初の医学・心理治療 小児科医，児童精神科医などの医療専門職，臨床心理士や臨床発達心理士などの心理専門職，およびソーシャル・ワーカーなどの福祉専門職を配置し，さまざまな対応を行なう。
2．永続的愛着対象の保障 養子縁組や里親委託が望ましいが，それ以外に小舎制施設，地域小規模養護施設，グループホームの形態があり，いずれも住み込みの夫婦職員か母親代わりの女性職員を養育の中心に置く。
3．思春期・青年期の支援 虐待によるトラウマが顕在化し，さまざまな問題行動を示す思春期や青年期をケアして，自立援助を行なううえで不可欠な場として自立援助ホームがあり，夫婦職員が彼らの世話をする。20歳後の対応も行なう。

た愛着対象となりうる大人の保障が不可欠です。さらに、③二十歳過ぎまで自立援助できる体制を用意する必要があります（金子、二〇〇三）[20]（表５－１）。

これらの三つの要素を含む施設というのは、日本の既存の施設形態でいえば、住み込み制の小舎制施設と情緒障害児短期治療施設と自立援助ホームを合体した形といえるでしょう。あるいは、里親に育てられる子どもを治療する施設や自立援助ホームと組み合わせて、里親を支援していく体制も想定できます。

被虐待児への援助の最終目標は、自立した社会人へと成長し、出会ったパートナーと新たな家庭を構築し、わが子を自分の手で育てる親となることによって、子ども時代に被った不適切な養育の悪影響が次世代に伝達するのを防ぐことだといえます。そのためには、実親を援助して、被虐待児とその家族が地域社会のなかで長期間にわたって生活を送れるように、地域全体がさまざまな形で支援します。あるいは、実親から離して医学・心理治療を行ない、非虐待的で安全な環境の下で、永続的な特定の愛着対象としての養育者（里親・施設職員）を保障することが求められるのです。そうして、長年にわたる虐待による愛着障害、基本的信頼感の欠如、自己否定、対人関係の歪みなどの病理を根気強く育て直します。再統合や家庭復帰も成人期以降であっても良いのです。子ども時代に親と分離したほうが、治療が進み、子どもの発達を保障できるケースもあります。

以上の構想は、実はオーストリアで発祥した国際児童福祉組織「ＳＯＳ子どもの村」において、すでに一九四九年から実践が蓄積されています（SOS－Kinderdorf Verlag, 1988）[38]。子どもの村では、専門家による心理治療（治療教育・Heilpädagogik）を行ない、永続的な代理母親（愛着対象者）が、一戸建ての家で三〜六人の子どもたちと長期間生活を共にすることで、さまざまな問題行動を解消し、子どもの人格形成を進めてきた結果、成人後に問題なく社会生活を送っている割合が高いことが報告されています（Raithel & Wollensack, 1980[34]・金子、一九九六[16]）。被虐待児対応においても高い効果が期待される、この組織の取り組みを次章で取り上げます。

第6章 新たな社会的養護――SOS子どもの村

1 子どもの村の理念と実践

A SOS子どもの村とは

第二次世界大戦後のヨーロッパに始まった、新しい形態をとる児童福祉組織である子どもの村(Kinderdorf ドイツ語で、Kinder＝子どもたち、Dorf＝村)は、職員が住み込んで十人までの子どもを養育する家が十数軒集まって村を形成しています。子どもの村は家庭的養育の理念、つまり「親に見捨てられた子どもや家庭に恵まれない子どもに、再び新しい親と家庭を与え、一般家庭にできるだけ近い環境で育てる」に基づいた養育形態をとっています。

ヨーロッパには、さまざまな形の子どもの村があります。そのなかにあって、一九四九年にオーストリア人ヘルマン・グマイナー(一九一〇－一九八六)が創設したSOS子どもの村は、Save Our Souls(魂の救済)をスローガンとした子どもの村で、親を失ったり見捨てられた子どもたちに「実の家族に代わって、健全な家庭生活を提供する」のが目的で、傷ついた子どもの心身を治療し育んでいく場なのです。この村の第一の特徴は、十年以上の勤務を約束した女性が子どもの養育に携わるという点です。これは、父親不在という問題をはらんでいますが、母親代わりの女性職員と子どもとの永続的な愛着関係を保障できるという点が重要なのです。ちなみに、女性職員の平均勤続年数は約十六年で、他の組織と比べても際立って長いのです（表6－1）。そのうえで、さまざまな年齢の子どもたちが、血縁の有無にかかわらず兄弟姉妹関係を形成し、一戸建ての家が十数軒集まった村で生活を送ります。

グマイナーは、当時の大規模な孤児院が子どもにとってふさわしくないと見抜いていました。そして、ペスタロッチらの教育者から学んだ家庭教育に基づいた養育方法として、子どもの村の形態を採用したのです。彼はドイツの教育者から多くを学びました。まず、十七世紀のフランケの時代にさかのぼって子どもの養護を考え、家庭教育に基づいた理念はペスタロッチの影響が強く、一戸建ての家に少人数の子どもを生活させる形態と職員の養成はヴィフェルンに学び、母親代わりの女性を子どもの養育の中心においたことはティーレ・ヴィンクラーの実践を受け継いでいるのです（Gmeiner,

＊表6－1の注　（注1）為替：オーストラリアドル二百五十円、アメリカドル百六十円、イギリスポンド四百五十円、ドイツマルク百円、オーストリアシリング十二円で換算。（注2）住み込み勤務の場合は、休暇を一か月ほどまとめてとる。（注3）Boys Townは非行少年が主体。（注4）断続勤務は交代制勤務の一種で、朝と夕方中心に勤務を行ない、昼間に長時間の休憩をとる。（注5）養育形態：グループ・ホーム：数名の子どもが生活する一戸建ての家が街中に点在している。小舎制：施設の敷地の中に、一戸建ての家がある。ホーム制：大きな建物をアパート方式に小分けした集合住宅的な形態をとる施設。

表６－１　世界の児童福祉施設の比較表*（1990年作成）

国名・施設名・調査年	施設の概要 定員・職員数	建物の数・人数・年齢	直接処遇者の背景	直接処遇者と子どもの割合	勤務条件	勤続年数（平均）	子どもの経費 1人1ヵ月
オーストラリア St. Johns Home 1979年	グループ・ホーム 定員：100人 職員：47人	18軒，6－8人 2－18歳，縦割	夫婦職員 実子あり	1：4	住み込み週7日勤務か週5日勤務	4年	12万円
アメリカ 施設名不明 1980年	小舎制 定員：96人 職員：111人	8軒，12人 4－15歳，横割	男女職員 資格問わず	7：12	交代制，週実働38時間	半年	30万円
アメリカ Boys Town 1981年	小舎制 定員：550人 職員：—人	63軒，6－9人 9－16歳，縦割	夫婦職員 資格問わず	1：4	住み込み，24時間勤務	2年	42万円
イギリス National Children's Home 1981年	小舎制 定員：64人 職員：56人	7軒，9－10人 8－14歳，縦割	男女職員 資格問わず	1：3	断続勤務，週実働45時間	—	28万円
ドイツ Kinder-und Jugenddorf Klinge 1990年	小舎制 定員：200人 職員：200人	24軒，5－10人 2－15歳，縦割	男女職員と夫婦職員の混在型 資格問わず	1：4	住み込み，24時間勤務	—	54万円
オーストリア SOS-Kinderdorf 1990年	小舎制 定員：90人 職員：28人	14軒，2－9人 0－24歳，縦割	女性職員 資格問わず	1：5	住み込み，24時間勤務	16年	15万円
日本 広島乳児院・修道院 1990年	2ホーム制 定員：134人 職員：68人	15ホーム，6－11人，0－4歳と5－18歳，横割と縦割	男女職員 資格あり	乳幼児1：2 児　童1：5	交代制，断続勤務，週実働44時間	8年	乳幼児31万円 児童14万円

1985・金子、一九九六）。[2] [6]

ＳＯＳ子どもの村の基本的理念は、「すべての子どもに家庭を与えよう」というもので、そのためにさまざまな活動に取り組んでいます。家庭にはいくつかの形態があります。まず、生まれ育った家庭、そして養子縁組や里子委託先の家庭、さらに子どもの村での人為的な家庭と続きます。自分が生まれ育った家で実親と共に暮らすのが最善であり、この組織は、さまざまな理由で家庭崩壊の危機にある家族に緊急支援や財政援助を行ないます。どうしても実の家庭で育てられない場合には、養子縁組や里子委託の方法をとるのが良いのであり、そのために養親・里親の開拓や養成に携わっています。そして、最終的に養親や里親が得られない場合には子どもの村方式の養育を行なうのです。近年では、子どもの村に入ってきた子どもたちが親元に帰れるように、親への支援や指導を行なっており、時代と共に常に変容し続けている組織といえます。

ＳＯＳ子どもの村は、今日では世界で最も大きな非政府の児童福祉組織（ＮＧＯ）として発展していて、二〇〇三年現在、世界百三十一か国で活動を展開しています。職員は二万三千人に及び、運営費を寄付してくれる会員は六百万人を超えていて、その募金額は二百三十億円に達しているのです。子どもたちを受け入れる村は、現在世界各国に四百三十九か所あり、入所児は四万三千五百人に及びます。また、十代後半から二十代の青年たちが生活する自立援助ホームは三百四十二か所で、入所者は九千七百五十人です。その他、幼稚園や学校、そして病院などの関連施設の合計は千六百十三か所にものぼっています（www.childrensvillages.org/）。

その間、世界各国で緊急に児童援助を行ない、近年では一九九一年にチャウシェスク体制が崩壊したルーマニアで、そして一九九二年独立戦争後のボスニア・ヘルチェゴビナ、中東のガザ自治区、ウガンダ、コソボ、アフガニスタン、チェチェン共和国で援助を始めています。また、二〇〇一年に大地震に襲われたエルサルバドルやインドでは緊急の支援を行ない、エイズが大流行しているアフリカ諸国でも各種の人道的支援を続けているのです。

一方、SOS子どもの村が設立されていない主な国としては、ヨーロッパではイギリス、スウェーデン、ノルウェーなどがあり、アジアでは北朝鮮、イラク、ミャンマー、マレーシア、そして日本なのです。英語圏や北欧の国々に少ないなかで、アメリカ合衆国には一九九〇年代になって、二つの村が設立されました。現在アメリカでは、年間三百万人以上の被虐待児が通報されており、そのうちの約十万人が、毎年里親などの社会的養護を受けています。今日では総計五十万人以上の子どもが里親宅で保護されており、着実な成果を挙げています。しかしながら、なかには里親宅を点々とする子どもや、兄弟姉妹が離れ離れになるケースもあります。アメリカでのSOS子どもの村の役割は、里親委託でうまくいかない、そうした子どもの受け皿になっているようです。

一九九五年からは、国連内の経済社会理事会において、諮問的地位を有するNGOと認定され、ユニセフ（国連児童基金）の諮問機関でもあります。またEU（欧州連合）とも密接な関係を保っています。長年にわたるその功績は、国際的に高く評価されていて、ノーベル平和賞候補に何度もノミネートされています。

私は、一九九〇年と一九九四年の二回、それぞれ二か月と一か月間、二つの子どもの村に滞在して、つぶさにその実態を学びました。その結果、社会的養護の場としては、世界最高の水準をもつ組織だと確信しました。その養育ポイントは、次の三点です。つまり、①永続的な愛着対象の保障、②専門的な医学・心理治療、③二十歳過ぎの青年までケアする自立援助ホームです。これらの機能を統合した養育システムを確立したうえで、心身ともに深く傷ついた子どもたちを受け入れ、療育を行ないながら、社会的に自立するまで長年かけて育んでいくのです。

ところで、SOS子どもの村を日本に設立しようという試みは、実は二回失敗しています。三十年ほど前には、東京都の児童養護施設と提携しようとして、物別れに終わってしまいました。その後、一九八六年に日本支部が設置され、本部から資金援助を得て、松本市に土地を購入したものの、そこが建築に不適切な土地であることが判明し、開設を断念した経緯があります。そして、一九九七年に日本支部は活動を停止しました。私は、一九九〇年に松本市を訪れて以降、日本支部の事務局長から経過を逐次聞いていましたので、日本支部の閉鎖の報を聞いて、子どもの村を日本に開設する道が断たれたと観念したのです。

しかしながら、その後、わが国の虐待・ネグレクト問題の深刻化と被虐待児を適切に養育できる体制がない現状を知り、改めてSOS子どもの村の意義を考えるようになりました。特に、被虐待児に共通する愛着障害を修復するうえで、親代わりの職員が共に暮らし、子どもとの永続的な人間関係を第一に考えるあり方が何より望ましいのです。子どもの村の理念は、実の家族（生物的家族）を失っ

図６－１　SOS子どもの村ウィーンの森

た子どもに、再び家族（社会的家族）を与えようというものです。たとえ血がつながっていなくても、心のつながりがあれば家族になれるのです。そして子どもは、新たな家族を得て、改めて人生を歩み始めます。

さて、ＳＯＳ子どもの村は純粋な民間施設で、経費の大部分を寄付によっています。そのために、広く国民にＰＲしており、実に多くの人びとから援助を受けています。現金、品物、土地、家などさまざまなものが寄付なのです。たとえば、「ＳＯＳ子どもの村ウィーンの森」は、ウィーン市街から車で一時間ほどのウィーンの森の中の閑静な住宅街にあって、首都に近く地価の高い高級住宅街のなかで約六万㎡の敷地を持っています（図６－１）。この土地は以前侯爵の土地でしたが、持ち主がグマイナーの事業に共鳴して、一シリング（約十二円）で譲渡したそうです。

ＳＯＳ子どもの村は、すべての子どもを受け入れるわけではなく、次のような入所理由に限られています。

①家庭環境があまりにも悲惨なため、青少年保護局（児童相談所）の判断により、将来にわたって家庭に帰せない、②子どもの年齢が十歳以下で（弟妹がいる場合は十歳以上の子どもでもよい）、知的・身体的障害が重度でない。

それに対して、次の子どもたちは対象外となります。①特別な障害児施設がふさわしい、重度の知的・身体的障害のある子ども。②十歳以上の児童・青年。③実母の病気や、家庭が一時的に崩壊したために保護を必要とするが、いずれは家庭に引き取られる可能性のある子ども。④子どもが父母に強い愛着をもっており、絆を断ち切れない場合。つまり、SOS子どもの村のように、職員と密接な関係を形成しようとする場合は、このような子どもには適切ではないのです。

要するに、子どもの村では、虐待などで心身ともにひどく傷つき、養子や里子になれる見込みがなく、適切な養育施設がない子どもを引き受けているのです。

B　四つの養育理念

SOS子どもの村は、家庭を失った子どもたちを一般家庭と同様の機能をもって養育することを基本理念としします。日本の子ども以上に心身とも深く傷ついている子どもたちの養育には、なによりも受容の心が必要とされます。子どもの村に来るまで、家庭では形成されなかった大人に対する基本的な信頼関係を、子どもの村で最初から作り上げることから養育が始まります。その対象となる母親代わりの「おかあさん」職員（ドイツ語でMutter）は、子どもと生活を共にし、悩みや喜びを分かち合うことを通して、子どもが愛されている実感を抱き、この人なら安心して信頼できるという思いを子どもに育ませるのです。そしてそれが、SOS子どもの村での養育の土台となります。

SOS子どもの村の養育は、「おかあさん」「兄弟姉妹」「家」「村」の四つの基本理念から成り立っています。これらの考えは、部分的にはドイツの孤児育成で取り入れられていましたが、グマイナーがはじめて統合して実践したのです。彼はこう語っています。「SOS子どもの村の理念は単純です。しかし、私はこの理念より良い理念を知りません」と。彼は子どもと親代わりの職員が共に生活するなかでの、家族共同体による養育が基本だと考えたのです（Gmeiner, 1985）[2]。

おかあさん（Mutter）

子どもの村で養育を担当するのは、永続的な勤務を誓約し、家庭に恵まれない子どもたちの養育を申し出た女性です。そして、一軒の家で子どもと生活を共にします。こうした母親代わりの女性の下で、子どもたちは心の拠り所を得て、安心して生活できるのです。「おかあさん」を希望する女性は、OL・保育士・看護師・教育関係者などのさまざまな仕事についていた二十五歳から四十歳位までの人びとで、今までの職業に物足りない点を感じ、心身とも傷ついた子どもたちと共に生活し、親代わりに育てる人生を送ることに精神的な充実感を求めてきています。どの国にも、独身であったり、未亡人であることを余儀なくされている女性がいます。そうした女性のなかには職業に満足できない人も少なくありません。自分の子どもがいないために、満たされない思いを抱いているかもしれません。このような女性と社会的養護を必要とする子どもを結びつけるのがSOS子どもの村だといえます。

子どもたちだけでなく、女性に充実した人生を送ってもらう機会を与えることができ、今日の社会に生きる女性に対して新たな人生の選択肢を提供していくのです。

その選考は人物本位で行なわれ、資格は問われません。ある村長にたずねたところ「善良・愛情・忍耐」という答えをもらいました。何よりも心身ともに傷ついた子どもたちを受け入れる受容の心と愛情が不可欠です。そして、子どもと共に生活し、日常生活を通して忍耐強く人格教育を行なえる人が必要とされます。また、専門職としての知識と技術は、採用後に二年間の養成期間のなかで培われます。そのうち一年間は、独自の養成学校で、一般教養・音楽・家政と共に、医学・法学・発達心理学・教育心理学・治療教育学などの専門教科の講義を受け、筆記試験もあります。そして、家事全般の習得やレクリエーション技術も磨いていきます。この課程と平行して、子どもの村での一年間の実習が待っています。入ってくる子どものほとんどは、親に見捨てられて生活場所を転々として、人間不信に陥っている場合が多いのです。そうした精神病理を理解し、適切に対応して援助する職員には高度な専門能力が求められます。

この職員養成は非常に重要な点で、SOS子どもの村が国際的に成功した理由の一つに挙げられます。他の例では、デンマークにある児童生活指導員を養成するペダゴーグ専門学校では、福祉・心理・医学などの専門科目に加えて、演劇・楽器演奏・写真・陶芸・養蜂など最低三つ以上の特殊技能の習得を義務づけているそうです（三宅、二〇〇二）[7]。専門性が求められる被虐待児に対応するためには、こうした専門家養成機関が日本においても求められます。

図６－２「おかあさん」と七人の子ども

さて、家を切り盛りする働き者の「おかあさん」は、さまざまな年齢の子どもを抱えて、家事一切をこなします。自家用車でスーパーに買い物に行って、仕入れた食材で作る料理も美味しく、家の中はとてもきれいに飾られています。子どもたちは「おかあさん」の手伝いをして、家族の役割を分担して、助け合って生活しています。こうして、日々の生活のなかで、子どもたちは生活の術を身に付けていき、将来自立するときに役立っているようです。日本では家事が雑用とみなされることが多いのですが、一人の人間として生きていくために必要な基本的生活能力です。子どもの将来の自立を考えると、「おかあさん」がきちんと家事をこなす姿を手本として、手伝い体験によって、長年かけてさまざまな生活能力を習得していくことが重要なのです。

子どもたちは明るい表情で、幸せそうな笑顔を見せてくれますが（図６－２）、心身ともに傷ついていて、さまざまな問題行動を示し、学力も低い子どもが多く、その世話は容易ではありません。また、規制が少ないので、いろんないたずらをしでかします。とにかく、元気一杯の腕白坊主やおてんば娘を抱えて、「おかあさん」がほっと気を緩められるのは、子どもたちが寝静まった夜だけです。子どもたちとずっと生活を共にしているので、ワインを傾けたり、近隣の「おかあさん」たちとおしゃべりに夢中になったり、適当に息抜きをしないとストレスがたまる一方です。そして、日本の施設と違って、仕事の場としてではなく、生活の場として暮らしています。子どもたちと終日過ごすので、勤務時間は二十四時間なのですが、主として朝と夕方の六、七時間が仕事の中心を占めます。日中は、幼児は村内の幼稚園に、学童は地域内の小・中学校に行くので、残った乳幼児とゆったりした時間を過ごせます。

また重要なのは、「おかあさん」を補佐する女性職員「おねえさん」(ドイツ語でTante)が休みの日などに代わって子どもたちの世話をしたり、手が足りないときに補佐するレスパイト役を果たすことです。これにより、二十四時間子どもと関わって心身とも疲れる「おかあさん」は、月二回の休みと、年に四週間のまとまった休暇で、合わせて年間五十二日の休日を取れるのです。

長年にわたって家庭を失った子どもたちの養育に携わることを誓約した「おかあさん」のなかには、その後の男性との出会いによって結婚する場合もでてきます。その際は、「おかあさん」は退職し、子どもたちを里子として引き受けて、新たな家庭で夫と共に育て続けたり、夫となる男性に村の家に移り住んでもらうことも生じています。

今日、オーストリアの九つの子どもの村には約百の家族がありますが、五家族は夫婦が養育しています。夫婦職員の場合、二人とも子どもの村の採用条件に合致したうえで、二年間の養成を受けなければいけませんが、志願者が増加すれば、今後夫婦での養育は増えていくことでしょう。

「おかあさん」の定年は原則として五十五歳で、退職後は子どもの村のなかにあるマンションで生活を送れます。そのため、子どもの村を卒業して一人前の社会人になったかつての子どもたちは、「孫」を連れて、週末には「おかあさん」を訪問します。私は滞在中に、退職したかつての「おかあさん」の家にいました。敷地内のマンションに七十歳前後のおばあちゃんが六人、それぞれ1LDKの個室に住んでいて、余生を送っていました。部屋には自分たちが育てた子どもたちの写真が所狭しと飾られていて、一人ひとりの思い出を語ってくれました。年配の人では五十歳を過ぎた、かつての子どもたちが週末になると「孫」を連れて訪れ、日祝日はとても賑やかになります。SOS子どもの村を巣立った人にとっては、いつまでも子どもの村が自分の故郷であり、そこにはいつ帰っても迎えてくれる人と慣れ親しんだ家があるのです。こうして、何歳になっても、子どもの村との絆は切れることがありません。

兄弟姉妹（**Geschwister**）

家では乳児から二十歳位まで、さまざまな年齢の子どもたちが一緒に生活しています（表6－2）。実の兄弟姉妹も血縁関係がない子どもたちも、家族として一つ屋根の下で生活します（図6－3）。そして、乳児から思春期までの男子と女子も一緒に暮らすために、実の兄弟姉妹が離れ離れにならな

図６－３　血縁のない子どもたちの家族

くてすむのです。実の兄弟姉妹同士の密接なつながりは、実親と離れてしまった子どもたちにとってとても重要です。そうした兄弟姉妹を切り離してしまうことは、子どもの情緒を深く傷つけることになります。また、一定の年齢になっても、部屋の移行や施設変更がなく、同じ生活環境の下で、一人の「おかあさん」や同じ「兄弟姉妹」と継続した人間関係が保てるという利点もあります。これは、今日の児童福祉で重要とされる人間関係の永続性（パーマネンシー）の保障につながります。そして、男子は十五歳頃、女子は十八歳頃になると自立のための青年の家（自立援助ホーム）に移り、将来の自立に備えます。

家（Haus）

子どもたちが安心して過ごせる場として家は重要で、心の傷を癒やすためには安らぎのある居場所が不可欠です。家のなかで、子どもたちは一人ひとりの空間を所有して生活を送る一方で、居間では家族が集い、

表6-2　SOS子どもの村ケルンテンの家族構成（1990年6月現在）

番号	おかあさん	子ども	計	合計
1	36歳	男　5歳，6歳，10歳，10歳，13歳，16歳，19歳 女　0歳	7人 1人	8人
2	57歳	男　11歳，13歳，21歳 女　13歳，14歳，16歳	3人 3人	6人
3	58歳	男　11歳，14歳，14歳 女　8歳，14歳	3人 2人	5人
4	57歳	男　8歳，11歳，12歳 女　14歳，14歳	3人 2人	5人
5	53歳	男　9歳，10歳，15歳 女　12歳，12歳，13歳	3人 3人	6人
6	43歳	男　8歳，10歳 女　4歳，10歳，11歳，12歳，15歳	2人 5人	7人
7	55歳	男　10歳 女　10歳	1人 1人	2人
8	43歳	男　12歳，13歳，14歳	3人 0人	3人
9	57歳	男　8歳，10歳 女　9歳，12歳，12歳，14歳，17歳	2人 5人	7人
10	ベトナム人一家	男　13歳，15歳，17歳，19歳，23歳 女　16歳，19歳	5人 2人	7人
11	40歳	男　1歳，6歳，6歳，13歳 女　3歳，5歳	4人 2人	6人
12	29歳	男　0歳，5歳 女　7歳，8歳，10歳，13歳	2人 4人	6人
13	41歳	男　7歳，9歳，12歳，13歳，14歳，16歳	6人 0人	6人
14	35歳	男　3歳，8歳，9歳，11歳，17歳 女　7歳，10歳，15歳，23歳	5人 4人	9人
	合　計	男　49人 女　34人		総計　83人

（金子，1996）

図6－4　家族の交流の場である居間

自然な形で家族間の交流がなされ、さまざまな学びが行なわれる家庭教育の重要な場所となっています（図6－4）。

子どもの村の家は、一戸建て二階建てを原則としており、一階には広い居間と食堂・台所と「おかあさん」の部屋があり、乳幼児は「おかあさん」の部屋で一緒に寝ます。そして、二階には子どもたちの寝室や勉強室があります。自然に恵まれた敷地と調和した家は、質素すぎず華麗すぎず、住み心地の良さを主眼において建てられています。また、家は平均的な住宅レベルで、将来子どもたちが自分の家庭を築くときを見越して家を建てています。将来、子どもたちが成人して独立したときに、この家で体験した家族共同体の生活を、今度は自分たちの手で築き上げていくのです。家では基本的な生活の術を学びますが、食事を作るのは大切な営みです。子どもたちの多くは実の家庭にいたときには正しい家事を知らず、台所に一度も入った経験のない場合もあります。そのまま親になってしまったら、わが子に料理を作ることなど期待できません。そんなところに、将来育児に悩んだり、果てには家庭崩壊の始まりがあるかもしれないのです。

また、家を取りまく庭には花壇や菜園があり、子どもたちと職員が育て、眺めて味わって楽しんでいます。そして、庭の向こうには隣の家があり、庭を介して隣人との付き合いが行なわれています。

村（Dorf）

十数軒の家が集まって村を形成していますが、村の建設場所には風光明媚な土地が選ばれます。豊かな自然環境のなか、近くには森や湖や草原、あるいはアルプスの山々がそびえていて、子どもたちは自然に抱かれて生活を送ります。私が滞在した「SOS子どもの村ウィーンの森」は、オーストリアの首都ウィーン市街から車で一時間ほどの、世界的な観光地ウィーンの森のなかの閑静な住宅街にあり、以前は侯爵の邸宅でした。子どもの村のすぐ近くには、シューベルトが歌曲集『冬の旅』のなかで、「菩提樹」を作曲した水車小屋跡があり、そこから子どもの村まで「シューベルト通り」が延びています。また、近くの森には、ベートーベンが交響曲『田園』の構想を練りながら散策した、「ベートーベンの小径」が続いています。

どの村の建設の場合でも、子どもが心身ともに健康で育つためには豊かな環境が必要という原則に加えて、心身ともに深い傷を被っている子どもたちの治療効果を考えて、細心の注意を払って作られています。村のなかには、遊び場や運動場、さまざまな樹木や芝生の庭園があります。また、集会所や事務所が点在し、治療教育施設や退職おかあさんの家、さらには幼稚園が備わっています。

子どもの村には幼児のための幼稚園はありますが、小・中学生は近くの公立学校へ通います。その理由は、子どもの村が孤立社会にならないためで、村の立地条件は民家に隣接した場所が選ばれ、公立学校に通うことで地域社会との関わりが保てます。美しい敷地に誘われて近所の人びとが散歩にきたり、幼稚園や小学校からは見学を兼ねた遠足にやって来ます。こうしてあらゆる点で地域社会とつながるように計画されています。

村の代表者としての村長（Dorfleiter）の役目は重要で、各家の相談役となり職員を援助することで村の秩序を保ちます。また、学習やレクリエーションの指導を行なう教育者（Pädagoge）、村の各種管理を担当する親方（Dorfmeister）、そして心理検査や心理治療に携わる心理学者（Psychologe）などの職員がいます。そのほか、事務の職員、幼稚園教諭、炊事担当職員の人たちも働いています。

今日では、新しい形の子どもの村ができつつあります。まず、一般家庭が生活する住宅地のなかに、子どもの村の家族が点在して住むという、グループ・ホーム的な形態がすでにヨーロッパにはあります。また、二〇〇六年には、ウィーン市内に四百家族以上が入居する集合住宅を建設し、賃貸で入居する多くの一般家庭のなかに、子どもの村の十家族が生活するという、都市型の子どもの村プロジェクトが進められているのです。

C 重要な付属施設

SOS子どもの村の大きな特徴として、さまざまな付属施設が備わっており、子どもの発達を長期間にわたって、包括的に援助できる点が挙げられます。

まず、青年の家（自立援助ホーム）では年齢にこだわらず、社会的に自立ができるまでホームにとどまれます。したがって、二十歳以上の青年もそこから職場や大学に通っています。義務教育を終えたばかりの十代の少年少女たちに、これから先は一人だけで生活するように要求するのは無責任といえましょう。まだ保護者の後ろ楯が必要な時期なのです。この時期をうまく乗り切らなければ、それまでの養育が無に帰してしまう危険性があります。

青年の家では年齢や職業にかかわらず、自立への準備が余裕をもって行なえます。職業教育の場も備えています。そのため、子どもたちにはさまざまな道が開けていて、手工業の道に進んだり、会社や官公庁に入ったり、あるいは大学院で研究を続けることもできるのです。こうして、この青少年の家は総合的な児童福祉組織としての子どもの村に欠くことのできない付属施設となっています。街中に建てられたアパート方式の青年の家は、一種のグループ・ホームといえるでしょう。

また、治療教育（Heilpädagogik）が設立初期から重要視されてきました。ウィーンの森にある村では、自閉症研究で世界的に著名な児童精神医学者のアスペルガーが治療教育所の設立に貢献し、その後も治療教育の指導にあたってきました（Asperger, et al., 1974）[1]。子どもの村に入ってくる子どもは、すべて精神的に傷ついているという認識に立って、専任の児童精神医学者と心理学者を置き、判定・助言・治療を行なっています。

さらに、村のなかには退職「おかあさん」の住居があり、定年後も敷地内で生活して、職員の援助や助言をしています。「おばあさん」たちの下には、社会人に成長したかつての子どもたちが訪れる場所にもなっていて、子どもたちの養育に生涯を捧げた女性たちへの敬意が伺える素敵なマンションなのです。

2 世代間連鎖を防止した子どもの村の成果

子どもの村には、さまざまな問題を抱え非行に走り、親戚、里親、施設のどこでも手に負えなくなり、行く場所がなくなった子どもたちが入ってきます（Gmeiner, 1985）[2]。そうした少年の一人を紹介します。

ミヒャエル少年が警察の世話でSOSキンダードルフに回されてきたときはまだ十歳でしたが、既に施設を十四回もたらい回しにされたあげくのことで、彼自身もここにそう長くはいられないと思っていたためか「どうせ僕はワルなんだ、すぐにわかるさ。ここにもあまり長くはいないだろうよ」などと言っていたのです。なるほどミヒャエルはSOSキンダードルフのお荷物となり、マザーも手を焼くほどでした。ちょうどミヒャエルが入ったと同じときに、ファミリーに三歳になるヴィルマという女の子も引き取られてきました。ヴィルマは人見知りをしない子だったのでミヒャエルにもよくなつきました。すぐにヴィルマは彼が壊れたおもちゃを直すのがうまいことに気づきました。またヴィルマは彼に食事を食べさせてもらうのがお気に入りのようでした。砂の城を作るときもミヒャエルに手伝ってもらい、おかげでその城がりっぱに見えるのが自慢で仕方ないのでした。マザーはその時期少し虚弱だったヴィルマの看護にあたっていましたが、ある日ミヒャエルがマザーにこんなことを言ったのです。「お母さん、安心して買い物に行ってきてもいいよ。ヴィルマは僕がみてるから大丈夫さ」。

ヴィルマは、ミヒャエルが兄弟喧嘩しているときでも、きまってミヒャエルの味方になりました。またこの小さな妹がよく得意気にミヒャエルにくっついてドルフ内を歩いているのが見うけられました。そのためミヒャエルはヴィルマのためならどんなことでも喜んでやるようになったのです。ヴィルマがマザーにすっかりなつくようになったので、ミヒャエルの方でもマザーを慕うようになりました。最初の数か月はなるほどミヒャエルは手を焼かせるような子どもでしたが、ある日のこと「ミヒャエル、すっかりいい子になったじゃないか」と言ってやると、「ヴィルマのためにいろんなことやってやらなくちゃいけないんだ」と彼は答えたのです。ミヒャエルはやっとこの小さな共同体に自分のいるべき場を見出したのです。彼はすっかり立ち直って、ドルフの一員となることにますます喜びをもつようになっていきました。

もう一人は、十九歳になる自動車整備工の青年です。彼が母の日に、「おかあさん」に宛てた手紙は、以下の通りです。

僕も間もなく十九歳ですが、最近わかりかけてきたことがあるんです。それは、僕がSOSキンダードルフに来て、母さんが母親になってくれたことで、僕の心も人生も変わってしまったということです。母さんには僕のことでいろいろ辛い思いをさせ、随分苦労をかけてしまいました。でも、僕がどんな子どもだったのか、何をしでかしたのか、それに母さんをどんな目に合わせたのかは実際思いも及びません。僕はあの晩、母さんにこんなことを言ってしまいましたね。「ひとのおせっかいばかり焼いてうるさいなあ。俺にはムチだって何の効きめもなかったんだ。今さらお前のため息ぐらいでどうなるかってんだ!」。本当にあの晩のことを思い出すと恥ずかしくなってしまいます。母さんはその後で泣いていましたね。そんな時、母さんはこの世の中で僕のことを理解し支えていてくれているただひとりの人だったんですね。

それ以前に預けられていたところでは、非行少年とか問題児とか言われていましたが、母さんは僕に決してそんなことを言ったりしませんでした。母さんのポケットからある時二〇シリングを盗もうとした時も、母さんは、それまでいつもお金を盗んでいたのが誰だかわかったというようなことは言いませんでした。ただ僕を見つめて「ゲオルグ、このお金はミディに誕生日のプレゼントをするためのものじゃないの」と言っただけでした。それ以来僕はそんなことをしなくなりました。今でもふと、悪い考えが頭をよぎるときには、すぐに母さんの顔が浮かび、声が聞こえてくるんです。こんな風にして母さんは僕が不幸に陥らないように守ってくれているんですよ。母さんやグストル、ミディ、それにあのチビたちが僕のことで恥ずかしい思いをしないようにいつも心がけています。母さんがいなかったら、僕はどうしたらいいかわかりません。母さんがグンディやゼップルの本当の母親じゃないことを、あの子たちがいつまでも知らずにいて欲しいと思っています。

母さんと、ほんの少ししか記憶にない実の母さんとは、僕にとって少しも変わりありません。僕には母さんよりいい母親なんて考えられません。今度の日曜日、チビたちが母さんに花束をあげて詩を朗読するとき、僕もそこにいられればと思っています。僕自身十九歳になっても、母さんのことを考える時にはやはりひとりの子どもなのです。母さん、僕のことは何も心配することはありませんよ。ただ、これからもずっといい母さんでいてください。僕には母さんが必要なんです。

このように、長期間かけて子どもたちは成長していきます。SOS子どもの村の最終目的は、不適切な養育の世代間連鎖を防止することだと明示しています。その目的の達成状況を確かめるために、子どもの村出身者の追跡調査が行なわれました（Raithel & Wollensack, 1980）[8]。

調査対象者は旧西ドイツの十二のSOS子どもの村に一九五八〜一九六一年に入所した二百九十七

表6-3　職　業

	全体	男	女
自営業	8％	5%	10%
・農　業	(1)	(0)	(2)
・零細自営業	(3)	(2)	(4)
・自由業	(4)	(3)	(4)
会社員	35%	23%	52%
・現場従事者	(21)	(14)	(30)
・専門職	(14)	(9)	(22)
公務員	4%	5%	3%
労働者	45%	63%	19%
・単純労働者	(7)	(9)	(4)
・専門技術者	(19)	(22)	(15)
・監督者，マイスター	(19)	(32)	(0)
不　明	8%	3%	15%

（　）内は内訳

人のうち、一九四六年から一九五四年の間に出生して、調査時に二十二歳以上だった百八十人でした。そのなかから、調査から除外された二十三人を除いた百五十七人について住所を調べたところ、八三％にあたる百三十人の居所が判明しました。最終的には、さまざまな理由で面接不可能であった十六人を除いた百十四人について、面接による追跡調査が行なわれたのですが、出身者の住所が判ったのが八〇％以上と高い点が評価できます。

対象者の入村時の平均年齢は八・七歳で、その後、中学卒業か一人前になるまで、子どもの村に平均七・七年とどまっていました。就職後の転職回数は平均三・四回と多く、転職がないのは一三％

表 6 - 4　婚姻状況

	全体	男	女
独　　身	32%	39%	21%
婚 約 中	7	9	4
既　　婚	50	40	64
同　　棲	5	9	0
別　　居	1	0	2
離　　婚	4	1	9
不　　明	1	1	0

にすぎません。このように転職は多いのですが、失業中の者は少なく、何らかの職についています。その職業の内訳を見ると、単純労働者よりも資格を持つ専門的職業や公務員が多く（表6－3）、彼らの親の職業と比較すると社会的地位は高いといえます。

また半数の対象者が結婚しており、婚約中を加えると五七％になります（表6－4）。さらに、彼らの子どもの九〇％は自分の手で育てていて、わが子を貧困や養育拒否のために施設に送り込む、いわゆる施設二世がほとんどいないことが特筆すべき点で、施設にあずけているのは二％（一人）にすぎません（表6－5）。この事実よりはじめて、子どもの村の養育効果が高いことが証明されたといえるでしょう。しかしながら、養子に出したり、祖父母の下に預けているケースもあることから、世代間連鎖の防止がいかに困難なのかを同時に示しています。

社会的養護の場で育った人の場合、自分の過去を隠したがるものですが、子どもの村出身者の場合は施設に対する社会的認識が高いこともあって、七〇％以上が同僚や友人に、自分がか

表6-5　調査対象者の子どもの成育場所

	全体（49人）	男（20人）	女（29人）
両親の元	90%	85%	93%
祖父母の元	2	0	4
SOS子どもの村	0	0	0
他の入所施設	2	5	0
養子縁組	2	0	3
その他	4	10	0

って子どもの村で育ったことを話しています。それでも、半数の者が施設生活体験者に対する社会の偏見を感じています。

最後に、これまでの自分の人生に対しては、ある程度満足しているのが四五％で、半数以上の者が過去の自分の人生に満足していません。しかしながら、現在の生活水準には九八％が自分を中流と思い、将来の人生に期待している人が八五％に及んでいて、将来への展望が明るい点が特徴といえましょう。

私が滞在中に共に仕事をした職員（マイスターの資格を持っていて、村の各種管理作業に従事する親方）の一人ガスナーさんは、子どもの村ウィーンの森の出身者で、「自分はあの家で大きくなって、あの人に育ててもらった」のだと、年配の女性を指しながら教えてくれました。日本ならば施設で育ったのを隠すのが常ですが、何ら卑下することなく、堂々と語ってくれたことに驚きました。そして、国際組織SOS-Kinderdorf Internationalの会長ヘルムート・クティン氏も、小学生のときに子どもの村イムストに来て育っていった人物です。成人後は創始者ヘルマン・グマイナーの下で働き、アジア地域の責任者を経て、二代目の会長という重責を担っているのです。

このような人たちの存在が、ＳＯＳ子どもの村の養育成果を如実に示しています。

3　女性中心の養育体制

Ａ　各種子どもの村の比較

ヨーロッパには、ＳＯＳ子どもの村以外にもさまざまな子どもの村があります。たとえば一九九〇年の時点で旧西ドイツには約四十の子どもの村が運営されていて、そのうち十二がＳＯＳ子どもの村で、続いて五か所がシュバイツァー子どもの村、そして二か所がペスタロッチ子どもの村でした。その他には一組織一施設の子どもの村が約二十か所あります。

それらのなかで、ＳＯＳ子どもの村の最大の特徴は、養育者を未婚か離婚した女性に限定していることです。そのため、父親役割を果たす男性は家庭内にはいません。一方、ほかの子どもの村では夫婦職員に限定していたり（ペスタロッチ子どもの村・シュバイツァー子どもの村）、夫婦職員か男女職員の混合の形態（子どもと青年の村クリンゲ Kinder-und Jugenddorf Klinge）（表６－１参照）をとっていますが、それぞれ長所と短所があるようです。ＳＯＳ子どもの村のように、女性職員に限定すれば父親不在を招き、年長児の躾が十分できないとか、性役割の学びに欠ける点は否めません。その欠点を補うために、施設内で働く村長、親方、教育者などの男性が父親の役割を果たしていますが、十分補っているとはいえないでしょう。

その一方で、SOS子どもの村に勤める「おかあさん」の平均勤続年数は約十六年なのに対して、ほかの子どもの村の夫婦職員は平均して三年程度しか勤めていません（表6－1）。したがって、SOS子どもの村は母子家庭ですが、その代わりに「おかあさん」とは永続した人間関係が保て、愛着関係やパーマネンシーの保障の点で望ましいといえるでしょう。

最近、SOS子どもの村本部から送られてきた資料によれば、オーストリアでは定年まで勤め上げる「おかあさん」は九七％に及んでいるそうです。途中で退職した三％の場合でも、養育する子どもたちが自立するまで責任をもって育て上げてから辞めていったと記しています。このことから、養育の永続性がほぼ保障されていることが明らかです。また、九五％以上の子どもたちはSOS子どもの村の家族に適応しています。その一方で、溶け込むことができず、実親の下に戻ったり、他の組織で治療を受けたのは約五％です。

こうした実績の背景には、「おかあさん」職員の選考が厳格で、かつ二年に及ぶ組織的な養成を経て初めて養育に携わっていることが挙げられるでしょう。

ところで、愛着理論によると、愛着対象は養育者の性別と関係ありませんから、男性より女性の方が愛着形成の点で絶対的にすぐれているわけではありません。私は以前、広島乳児院で最初の男性職員として乳幼児を育てましたから、担当した子どもたちからは第一の愛着対象となっていました。男の私に一番なついてくれたのです。「産みの親より育ての親」なのであり、それも「育ての父」だったのです。今でも私は、平均的な女性より育児はうまいという自負をもっています。周囲を眺めても、母親以上に子煩悩な父親を見かけます。だから、男性一人だけが子どもを養育することも十分可能だと思っています。しかしながら、やはりそういう男性は少数です。高い育児能力と家事能力を併せ持った男性を、五人も十人も確保するのは至難の技です。ですから、現実的には女性職員を得る方がずっとたやすいのです。

私が「育ての父」だったころ、育児に疲れ、子どもの泣き声がいつまでも耳につくなど、育児ノイローゼに陥ったこともありました。当然のことながら、男性も育児ノイローゼになるのです。それだけ育児というのは厳しい営みであり、女性だけに任せておいていいものではありません。男性と女性が、どのように分担して育児に携わればよいか考えていく必要があります。

どの形態がいいかについてさまざまな意見があるでしょうが、私はSOS子どもの村が今日、世界百三十一か国で事業を展開し、四百以上の子どもの村を運営している事実が答えだと考えています。夫婦職員を揃えたペスタロッチ子どもの村もシュバイツアー子どもの村も、事業がヨーロッパ数国だけにとどまっていることは、子どもの村方式の場合には、二人とも永続的に養育できる条件を備えている夫婦を得るのが困難で、夫婦職員での運営に問題点があることを示しています。

さらに今日のSOS子どもの村では、女性が村長（施設長）や研究部門の責任者として活躍しています。こうしたことからも、この組織が女性の能力を生かす体制をとっていることがわかります。

B　子どもの村での父親役割

子どもの村での男性役割について、グマイナーは次のように考えました。子どもの養育と人格形成の点から見ると、母親存在は決定的な意味をもっていて、乳幼児期には母親に代わるものはないといってもいいのです。しかし、父親の役割は家族以外の人にも代わりができます。ＳＯＳ子どもの村では、父親役の大部分を村長や親方や教育者が務めています。子どもの村の家に「おとうさん」を置いていないのは、育児の全責任を「おかあさん」に任せて、男性存在をまったく排除するためではないのです。乳幼児期では父親の影響は少ないけれども、それ以後の児童期・青年期の教育では、母親が十分できない役割を果たすために、父親の存在が重要だとグマイナーは認識しています。そのため、青年の家（自立援助ホーム）には、男性職員や夫婦職員を置いています。

グマイナーは、両親をそろえるという形態面だけから、父親役の男性を子どもの村に定住させるのは無意味であると考えました。形のうえで夫婦そろった家庭を築くのではなく、家庭教育の本来の役割や機能をいかに実現するかを考え、そのためにふさわしい男性職員の役割を検討したのです。そして、子どもの村で住み込みの男性十数人が児童福祉以外の仕事を持ち、自分の仕事の心配や人生上の問題をかかえながら父親役を果たすよりも、男性の村長が職員の協力を得て指導力を発揮する方が、十分にその責務を果たせると判断しました。

彼は両親をそろえないこと、つまり父親不在に対する批判には、次の観点から反論しています

(Gmeiner, 1985)[2]。

（1） 夫婦が真に利他的動機から子どもの村の職員を望む場合は少なかった。他人の子どもの養育のために自らの家庭を犠牲にしようとする夫婦はほとんどいないといってよい。

（2） 広くて新しい住居と保障された生活にひかれてというのが、過去多くの養父母志願の動機であった。そうした夫婦は新たな職場に救いを求めて来る場合が多く、自分たちの悩み事で周囲を煩わし、本来ならば救いを求めている子どもに注ぐべきエネルギーを浪費してしまう。

（3） 父親の職場を子どもの村内で確保するのは困難なので、父親は村の外に職を求めることになるが、現実には近郊での就職口は少なく、身をもてあますことが生じてきた。

（4） 夫婦の生活の場として、広い家屋を確保する必要がある。それだけ余分な空間と経費がかかり、子どもの村本来の孤児育成に向けるべき資金が夫婦のために使われることになりかねない。

（5） 夫婦が子どもの村から解雇される場合、重大な問題が生じる。立ち退き拒否がそれである。また、養育能力に欠けている適任でない夫婦が子どもの村に居すわるという矛盾が生じる。

（6） 夫が子どもの村以外に職業を持った場合、夫婦内でその収入を浪費したり、他の目的に投資することも考えられる。そうなると、子どもの村の会計以外に別の会計ができてしまう。こうした会計の重複は公私混同を招くので好ましくない。

(7) 仕事を持つ夫のために妻が尽くす必要も出てこよう。そうなると母親存在を求める子どもたちは、夫婦にとって邪魔な存在になるかもしれない。これでは、子どもたちは再び見捨てられ、以前の状態に逆戻りになってしまう。子どもは自分から真の安らぎを奪う男性を父親と思わないであろう。

(8) もし、夫婦に実子が生まれた場合は、その家庭は危機に陥る。いかに献身的な養父母であろうと、実の子どもでない施設児と実子をまったく平等に扱うことはできないであろう。子どもたちは、自分が結局、夫婦職員にとって他人の子どもにすぎず、いままで自分に注がれてきた愛情も配慮もすべてにせ物だったと思い込むだろう。

(9) 定職を持ち、安定した生活を送る夫婦が子どもを引き受ける場合は、子どもを自分の家に引き取って世話するのが最も良い。夫婦が民間の福祉機関に依存するのではなく、正式に養子縁組して、わが子として育てるのが最善の方法であろう。

(10) SOS子どもの村以外に職を持つ父親は、養育家庭の協力者としては心理学的にも教育学的にも素人であり、子どもの教育という面ではあまり役に立たないだろう。SOS子どもの村に入所するような、非常に扱いにくい子どもたちを養育するには、高度の専門知識と技術が求められる。しかしながら、素人同然の父親が村長を批判したり、自分の家族に干渉するのを拒否することも考えられる。そうなれば、SOS子どもの村の処遇はその他の施設に比べても著しく劣った内容になりかねない。統制もきかず、専門的指導も不可能になってしまうかもしれない。

しかしながら、愛着理論を初めとする今日の諸理論からすれば、「乳幼児期には母親に代わるものはない」とするグマイナーの考えは否定されます。乳児期から父親の役割は重要なのです。ですから、SOS子どもの村の理念を十分理解し、永続的な養育を志す夫婦ならば、受け入れるべきでしょう。その際、決しておろそかにしてはいけないのは、「一人以上の永続的な愛着対象を子どもが自立するまで保障する」ことです。両親そろっている家庭を用意しても、数年で夫婦職員が辞めてしまったり、グマイナーが指摘した前述の問題が生じるようでは何にもならないのです。

4　日本に子どもの村を必要とする理由

A　被虐待児対応

何よりもまず、ひどい虐待やネグレクトの被害にあっている子どもたちを保護し、専門的な治療を行ない、永続的な愛着対象を保障し、自立するまで育てるという、被虐待児の体系的な社会的養護を行なえる組織だということです。被虐待児は心身ともに傷つき、大きなトラウマを抱えて、さまざまな問題行動や精神病理を示すので、保護した当初から専門的治療を行ない、安定した愛着形成を一からめざさねばなりません。さらに、思春期や青年期に大きな問題行動を起こしたり、失敗をして人生

表6-6 SOS子どもの村をモデルとした体制

◎治療教育施設　定員20人　職員　13人		治療が終了すれば家に移る。	
（現行の情緒障害児短期治療施設の職員配置で概算した）			
心理職	3人	福祉職・保育士	4人
医療職	2人	栄養士・調理員	2人
事務員，他	2人		
◎家　定員50人（10軒と想定）　職員　22人			
女性か夫婦職員	10人	補助の職員（レスパイト）	3人
施設長	1人	管理人	1人
事務員，他	2人	ソーシャルワーカー	2人
保育士	2人	洗濯係	1人
（問題点：女性職員に高負担〈住み込みが条件，対応困難な子どもばかり〉をかける。その対応として，①高給，②レスパイト職員をつける〈長期休暇が可能に〉，③施設負担で，2年の専門教育を行う，④厚生福利の充実退職後の生活保障，等を実施する必要がある。）			
◎自立援助ホーム　定員10人ずつ（男子と女子は別棟）　職員　夫婦2組＋補助			
（対象年齢は，15〜20歳前半までで，学生・社会人に限らず，未だ自立できない青年を対象）			
夫婦職員	2人ずつ（4人）	事務員，他	2人

の転落を招くことが多く、それらを未然に防ぐために、二十歳過ぎても関われる体制が必要です。子どもの村では最低でも十年に及ぶ養育・治療を行ない、ひどい虐待による愛着障害、基本的信頼感の欠如、自己否定、対人関係の歪みなどの精神病理を根気強く育て直します。そして、虐待などの不適切な養育の世代間連鎖を一〇%以下に抑えることを目標にします。ここで、五十人の子どもを受け入れる子どもの村の体制を提示します。第5章で取り上げた、被虐待児対応の三つの要素に対応させて示しています（表6-6）。

次には、組織の運営資金の大半は、市民や企業からの寄付金でまかなわれるので、民間資金を導入することになります。今後、さらに増加するであろう被虐待児の保護や養育には、国・地方自治体からの里親委託費や措置費で運営されてきた里親制度や児童福祉施設に加えて、多くの市民が財源を支える新たな仕組みが是非とも必要になります。行政や福祉関係者だけでなく、一般市民が被虐待児に対して、できる範囲で支援していく、これこそ本当の意味での社会的養護になるのではないでしょうか。グマイナーは「多くの人の助けがあれば、良いことはたやすくできる」のスローガンの下に子どもの村の事業を展開したのです。

自由な運用ができる民間資金により、児童福祉の対象にならない十八歳以上の青年の学資、あるいは就職支度金を確保できます。また、自立して一人暮らしを始めた若者が住宅を借りる際の保証人になることも生じるでしょう。場合によっては、借金の肩代わりをしなければならない事態に陥るかもしれませんから、組織が基金を備えておく必要もあるでしょう。さらには、結婚式に親代わりとして参列し、その後も新たな家族たちが帰省する実家、故郷であり続けるためにも融通のきく財源が必要です。

B　里親制度のなかでの展開

SOS子どもの村の「おかあさん」として、里親を希望する女性を単親里親として受け入れることも想定できます。住み込みで永続的に子どもを養育するのは里親の営みと変わりないからです。その女性に十分な給与を与え、職業里親として生活を保障します。そのうえで、子どもの村の組織のなかでさまざまな専門家やレスパイト職員がしっかり支援する形にして運営していくと、今日まで減少し続けている日本の里親事業に新たな展開をもたらし、その裾野を広げることにつながります。

このSOS子どもの村の体制を現在の日本での児童福祉施策に対応させると（表6－7）、子どもたちを養育する職員を里親登録して、児童相談所から正式に里子委託する形が適切だと考えます。住み込みで永続的に子どもを養育するのは里親の営みと変わりないからです。そのうえで、里親家庭をNPO法人としてのSOS子どもの村組織が総合的に支援する形をとるのです。そこでは、子どもの村の治療センターと青年の家は、それぞれ日本の情緒障害児短期治療施設と自立援助ホームとして、被虐待児の治療や青年期までの支援を行ない、里親の負担を軽くするために幼児の保育施設やレスパイト職員を置くのです。それらの関係を示すために、厚生労働省の審議会である「社会的養護のあり方に関する専門委員会」の報告書（二〇〇三年十月）に添付されている図に対応させた図6－5を示します。こうして、SOS子どもの村組織を里親事業に基づく形態にすることにより、今日まで減少し続けている日本の里親事業の裾野を広げることにつながり、新たな社会的養護としての展開をもたらすのです。

ところで、世界中のSOS子どもの村の運営は、国・自治体からの措置費や補助金などの公的資金が三分の一、個人の寄付金などの民間資金が三分の二を占めています。つまり、SOS子どもの村のシステムが稼動するためには、民間資金の確保が不可欠なのです。この点は、個人や企業・団体が民間組織に寄付する習慣が確立していない日本では大きな課題として立ちはだかっています。

表6-7　SOS子どもの村と日本の児童福祉施策との対応表

SOS子どもの村	日本の児童福祉施策
おかあさん（夫婦）職員	養育里親（児童相談所から里子委託）
治療センター	情緒障害児短期治療施設（社会福祉法人）
青年の家	自立援助ホーム（国・自治体からの補助）
村内幼稚園	保育所（無認可：3－5歳児）
おねえさん職員	レスパイトケア（年に7日以内）

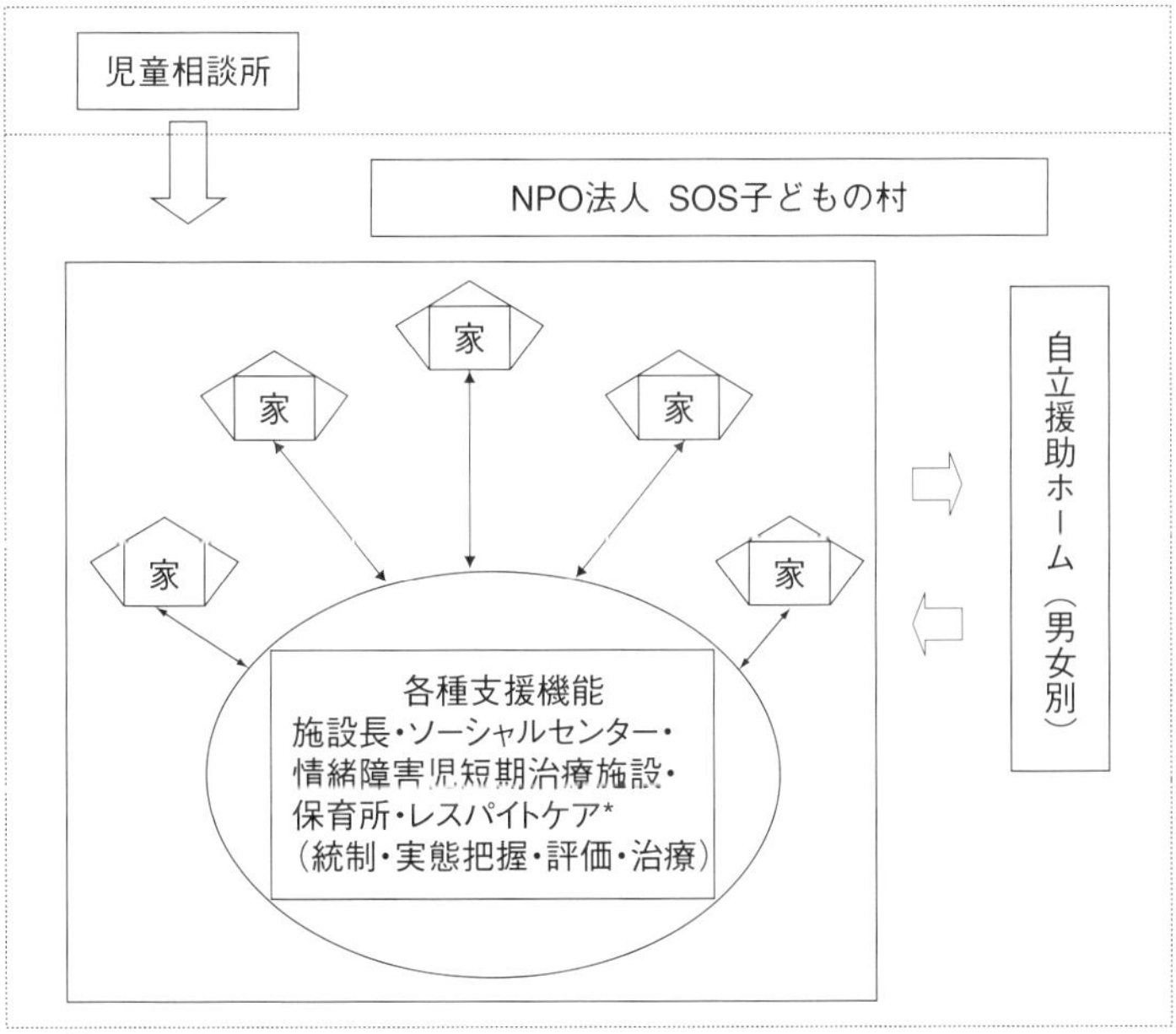

図6－5　SOS子どもの村のシステム

公的資金(1/3)と民間資金(2/3)で運営　ゼロ歳から20歳過ぎまで対応。各家は単親・夫婦の里親と3－6名の子どもからなる。その家族をNPO法人としてのSOS子どもの村が支援する。

＊レスパイトケア(respite　care)　子どもを育てる人(里親など)が休息をとり，リフレッシュするために，一時的に他の人に代わってもらう育児支援策。

しかしながら、日本で最も大きく事業を展開している国際児童支援組織のフォスター・プランでは、日本だけで五万人以上の会員を擁し、年間三十二億円以上の資金を集めていますので、やり方次第によっては十分可能性があるのです。

最後に、日本の地で子どもの村を運営して、多くの日本人に知ってもらうことで、貧困・疾病・紛争・災害に苦しんでいる世界各国の子どもたちの救済にSOS子どもの村組織が果たしてきた役割に目を向けてもらい、国際貢献を拡げていくことにもつながっていきます。

しかしながら、これまでのSOS子どもの村では女性だけが養育に携わっている点や、村という組織で閉鎖的になる点は否めませんでした。そんなマイナス要素を考慮すると、SOS子どもの村が理想的とは言えず、百点満点でせいぜい七十点位でした。それ以上の点数をつけられるのは、やはり夫婦そろった養親や里親の下での社会的養護でしょう。しかし現実には、すべての被虐待児に対して、適切な養育を行なう両親そろった家庭は絶対的に足りません。それを補うために、マイナス面はあるけれども、この子どもの村の形態を導入すべきだと考えています。ドイツの発達心理学者ハッセンシュタイン（Hassenstein, 1987）[3]は、SOS子どもの村がヨーロッパのなかで最もレベルの高い養育を行なっていると評価していますが、同じ発達心理学者として、発達の基本条件を保証している点で、私も同感です。そして、被虐待の治療や二十歳過ぎても自立援助を行なえる点で、わが国の被虐待児への対応の新たな社会的養護の場として大きな可能性をもっていると考えています。

私が二〇〇四年夏の訪問で得た新しい情報によると、今日では夫婦職員が子どもの養育に携わっています。そして、住宅地に分散して子どもの村の家族が生活する新しい形の子どもの村ができていますし、二〇〇六年には、ウィーン市街地の集合住宅内にも作られるのです。さらに、家族の再統合を進めたり、家庭崩壊に至らないように訪問して家族支援を行なう地域福祉事業も始まっています。このように進化してきたSOS子どもの村の福祉実践に対して、私は自信をもって九十点以上の点数をつけるのです。

第7章　子どもと家庭——温故知新

1　孤児養育の歴史を知る

本書で一貫して述べてきた社会的養護の最終目的は、心身ともに傷ついた子どもたちを治療して育み、その後、彼らが社会人として仕事を持って独り立ちし、新しい家庭を築き、生まれた子どもを自らの手で育てるか、結婚していなくても社会人として誰も傷つけずに生活を送れるようになることでした。言い換えれば、幼少期に不幸な親子関係の下で形成された歪んだ人間関係を修正し、望ましい関係性を社会的養護の場で改めて育み、不適切な親子関係がもたらす悪影響が次の世代に伝達されるのを防止することなのです。

社会的養護の歴史を振り返れば、すでに望ましいあり方が見出されており、家庭環境の下で養育する実践も数多くなされていたことがわかります。こうした先人の足跡を今一度たどって、今後の日本の児童福祉が歩むべき方向を確認していきます。また、その歴史のなかに、ＳＯＳ子どもの村が確固たる位置を占めていますが、子どもの村の理念と日本の福祉理念との共通性を探っていきます。

A ドイツ語圏での孤児養育の歴史

ヨーロッパの孤児院での数百年にわたる長い歴史のなかで、その多くは大集団での収容形態を取り、ホスピタリズムや愛着障害を生み出すような養育が繰り返されてきました。しかしながら、その一方で脈々と息づいてきた理念がドイツの孤児養育（Waisenerziehung）なのです（Hörburger, 1967;[7] Gmeiner, 1985[6]・金子、二〇〇〇[10]）。

フランケの先駆的実践

まずフランケ（Franke, A. H.）（一六六三－一七二七）は、十七世紀の末に、すでに孤児院の弊害を見抜いていました。孤児院では食事を与えて躾や教育を行なえましたが、人間らしく生きるために必要な家族の機能が欠けていたというのです。彼は望ましい養育を行なうために、慈善施設や孤児・貧児の学校を次々と設立していき、高度な知的教育を初めとした全人教育を行なったのです。しかしフランケは、自分が設立した施設での養育に限界があることを痛感するようになり、孤児たちを信頼できる家庭に里子として預けようとしたのですが、この試みは適切な里親が十分見つからなかったために失敗に終わりました。最終的に彼は、孤児養育には適切とは思われない孤児院に子どもを預けざるを得なくなったのでした。しかしながら、三百年前に孤児院の問題点を解消しようとした彼の実践と組織的な教育体制は、今日でも意義深いものです。

ペスタロッチのシュタンツ孤児院での取り組み

次にペスタロッチ（Pestalozzi, J. H.）（一七四六－一八二七）は、スイスの田舎町ノイホフで農業を通した労作教育によって、貧民の子どもを育成する事業を始めました。また、シュタンツでは内戦の犠牲となった孤児の養育に携わったのです。彼はシュタンツ孤児院で、孤児たちと寝食を共にし、献身的に働き、「家庭を以って人間教育の原型にする」という、家庭教育を手本とした彼の教育理念を実践したのですが、協力者に恵まれず、当時の社会的理解を得られないまま、彼の事業はことごとく失敗しました。しかしながら、人間愛にあふれた彼の養育活動によって、心を閉ざしていた子どもたちが徐々に心を開いていき、子どもたちの潜在的能力が引き出されたのです。

こうした実践を踏まえて、ペスタロッチは孤児たちの生活場所には家庭的な雰囲気が望ましいと考えました。彼は、母親が家庭教育において果たす役割を重視し、そのうえで、父や兄弟姉妹、さらに隣人とのさまざまな人間関係を含むのが真の家族であるととらえました。そして、各家庭に生活の中心となる居間があれば、教育的にみても最も好ましいという結論に至り、居間の教育（Wohnstubeerziehung）と名づけたのです。ペスタロッチによれば、居間は人間形成にとって大切な場所で、そこで子どもたちは家族との交流を通じて、愛情や基本的信頼感、および人間社会や文化を学んでいくのです（村井、一九九〇）[14]。さらに彼は、生活に追われる両親から放置されてきた子どもたちを家庭的環境の下で養育するための施設、「子どもの家」を構想しました。そして、「子どもの家」と並んで、職員を養成する機関も計画しました。残念ながら、こうした構想は実現に至りませんでしたが、その後の教育・福祉に多大の影響を及ぼしたのです。

当時の家父長制が強固な西欧で、母親の愛情ぶかい育児を主張したのがペスタロッチでした。彼は、母子が一体となる関係を重視し、子どもの成長を保障する存在としての母親を高く位置づけました。そして、家庭を規範とする真の社会生活が人間性を育てるというペスタロッチが見出した原理を彼の弟子フレーベルが継承したのです。

フレーベルのブルクドルフ孤児院とキンダーガーテン

一八三五年スイスのブルクドルフ孤児院長として迎えられたフレーベル（Fröbel, F）（一七八二―一八五二）は、その体験から乳幼児期の教育が重要なことを痛感し、一八四〇年に世界最初の幼稚園（Kindergarten：直訳では「子どもの園」）を設立したのです。そこでは、家庭で十分な教育ができない母親に代わって、保育者が豊かな環境の下で、体系的な教育を行なうことを目指したのです。

フレーベルによれば、出生時から乳児は、母乳だけでなく外界のあらゆる情報を五感によって取りこむ生命体なのです。したがって、乳児が母乳と共に取りこむものを親は注意深く見守り、適切な環境を設定する必要があると主張しました。ここに出生時から始まる乳幼児教育の本質があるのです。こうして、乳児の社会性はまず母親と父親に、ついで兄弟姉妹に結びつき、さらには隣人から人類へと結びつくから、養育者である親に対する乳児の最初の社会性は人間形成にとって重要だとフレーベルは考えました（三笠、一九八一）[12]。

ヴィフェルンのラオエス・ハオス

ヴィフェルン（Wichern, J. H.）（一八〇八－一八八一）は、一八三三年にラオエス・ハオス（Rauhes Haus：粗末な家）と名づけたハンブルグのわが家に非行少年を引き取り、後には非行少年を救済する家や救済村も建設しました。各家では十数人のさまざまな年齢の非行少年たちが、青年職員と家族同様の生活を送りながら、家事・農園作業・工芸作業を行ないました。ヴィフェルンは大規模な施設に非行少年たちを入れるのは良くないとして、あくまでも家庭的な小集団を基本とする養育を行なったのです。また、職員養成のための機関を設けたのも重要な点でした。

ティーレ＝ヴィンクラーの子ども村

ヴィフェルンの救済村を発展させたティーレ＝ヴィンクラー（Tiele-Winckler, E. M.）（一八六六－一九三〇）は、各家にカソリックのシスターを永続的な代理母親として置いて、十数人の乳児から青年期までの孤児とともに、家族同様の生活を送る施設を設立しました。この特徴的な組織作りにもかかわらず、彼女の施設は散発的な事業に終わり、当時の児童施設の手本とされるまでに至りませんでした。しかしながら、施設のなかで独身女性を代理母親として置いた点が、その後SOS子どもの村に受け継がれていくのです。

グマイナーのSOS子どもの村

以上の考えは、部分的にはドイツ語圏の孤児養育に取り入れられましたが、それらをはじめてグマイナー（Gmeiner, H.）（一九一〇－一九八六）が統合したのです。ペスタロッチからは家庭教育の重要性と母親役割の尊重を、ヴィフェルンから小集団の養育と職員養成を、そしてティーレ＝ヴィンクラーの代理母親体制を受け継いだのです。

グマイナーが提唱した子どもの村の教育四原則は、子どもの発達を保障する人間環境（母親・兄弟姉妹）と生活環境（家・村）を組み入れています。この四つがあってはじめて、乳児期から青年期までの発達に伴う生活範囲の拡大に対応できたのです。

彼は事業の理念を「健全で秩序ある家庭という後ろ盾を失った子どもたちは、常に最も悪に染まりやすく、手に負えず、また非常に注意を要する存在であることを、私たちは戦後の混乱と困窮の時代に経験しました。SOSキンダードルフの家庭的教育の構想は、この単純な事実をしっかり見据えることから生まれたのです。それゆえ孤児になった子どもたちの養育施設は、その施設に家庭的雰囲気があればあるほど、また子どもたちのために失われた家族の代わりを果たせれば果たせるほど、その使命にかなっていると言えるのです。親と死別したり置き去りにされたりして家庭を失った子どもたちを家庭的環境で育てるということが、最初のSOSキンダードルフ設立当初からの主旨なのです」とまとめています（Gmeiner, 1990)[6]。

B　英語圏での児童福祉の推移

英語圏の国々に関しては、数多くの図書で詳しく紹介されているので、本書では簡単な説明にとどめます。まず、イギリスではバーナード（Barnardo, T. J.）（一八四五－一九〇五）が一八七六年に、さまざまな年齢の六人までの子どもと夫婦職員が住むファミリー・グループ・ホーム（バーナード・ホーム）を設立して、家庭的な個別処遇を行ないました。このファミリー・グループ・ホームは英語圏の国々を中心に広まっていき、わが国でも各地で実践が行なわれています。その特徴は地域社会のなかに一戸建ての家を分散させて、夫婦職員と数人の子どもが一般家庭と変わらない生活を送るのです。

そのなかでも、オーストラリアのセント・ジョーンズ・ホームは有名です（資生堂社会福祉事業団、一九八六）[21]（表6－1参照）。このホームは一九二一年に大舎制孤児院として設立されましたが、一九六五年にファミリー・グループ・ホームへ移行して、一九七五年からは家庭支援のための地域福祉事業を実施しています。この組織では、実親による養育が不可能な場合には、一般家庭にできるだけ近い環境のなかで子どもを育てるべきだという理念に基づいており、一九八四年当時の施設長エリス（Ellis, I. G.）は、来日講演のなかで次のように主張しました。それによると、「家庭援助や家庭崩壊防止のための各種サービスを強化し、家庭を救うことの方が、安易に児童を長期間肉親と分離して施設収容型の養育をすることよりも、より人間本来の家庭にとって利益が大きいことを確信しております」（Ellis, 1984）[5]。このように、養護問題を予防することにより、多くの家庭が救われ、子どもの健全な発達を支援していったのです。

この組織の基本理念は、あくまで家庭援助事業を進め、養護問題の発生を予防し、子どもを預かる家庭を募集し、里親を拡充することです。そして、やむをえない場合の手段として、居住施設（ファミリー・グループ・ホーム）に入所させ、個別の問題に対応できるように、高度の養育を提供する体制を整えたのです。ホームには住み込みの夫婦職員（夫は外に仕事を持っている）の下、四～六人の子どもが生活しています。そのなかで、家庭機能の修復に努めた結果、子どもたちは一、二年で家庭復帰することが可能になったのです。こうして、ファミリー・グループ・ホームは、短期入所に対応できる特徴をもっているといえましょう。

ところで、ファミリー・グループ・ホームの問題点としては、住み込みの夫婦職員が得にくく、さらに終日労働のために精神的・肉体的疲労が蓄積することで退職する人が多く、平均勤続年数が三、四年と短い点が挙げられます（表６－１参照）。入所児は平均して二年位しか在籍せず、長くても五、六年で退所する短期ケースがほとんどとはいえ、子どもたちの精神安定上からも、職員が長く勤めることが望まれます。

またアメリカでは、第2章で触れたように、チャピンが里親事業を進めていき、現在でもアメリカの社会的養護の中心を担っています。ごくわずかの児童施設が運営されていますが、いずれも専門的治療を行なう小舎制の形態をとっています。そのなかで、非行少年を対象とした事業としては、一九一七年にフラナガン（Flanagan, E. J.）（一八八六－一九四六）が浮浪児や非行青少年を保護するために少年の町（Boys Town）を作りました（表６－１参照）。そこではフラナガン自らが父親代わりとなり、彼らの養育に努めたのです。彼は「この少年たちが悪いのではなく、両親・環境・手本が悪いのだ」という信念を貫き、生涯で六千人以上の青少年を育てました（Peter, 1986）[19]。フラナガンは、第二次世界大戦直後に、日本の浮浪児対策のためにGHQによって日本に招かれ、箱根で開催された孤児対策全国会議で講演をしています。そのなかで彼は、戦争によって傷ついた浮浪児や非行少年、そして孤児を一般の子どもたちと区別しないで育てることが大切であり、日本の施設関係者に明るい希望をもつようにと呼びかけました。そして、一刻も早く日本にも「少年の町」のような施設を作らねばならないと訴えて、帰国の途についたのでした。こうして、英語圏の国々においても、家庭環境の下で子どもたちを養育するのが重要と考えて、それぞれの形態での実践を蓄積してきたのです。

C　日本の先人に学ぶ

明治時代の石井十次や留岡幸助は、ヨーロッパの孤児養育から学び、家庭的な養育を目指しました。二人の構想には、ＳＯＳ子どもの村の創始者グマイナーの考えと共通する点が多くあります。また、第二次世界大戦後に障害児の領域で活動を展開した糸賀一雄の理念は、社会的養護を必要とする子どもの養育にも重要だと考えられるので、ここに紹介します。

石井十次の孤児養育構想

日本の児童福祉の先駆者である石井十次（一八六五－一九一四）は、岡山孤児院で一時期千人以上の孤児を育てましたが、彼の理想は、一戸建ての家で一人の女性職員が十人前後の子どもたちの世話をして、できるだけ家庭的な養育を行なうことだったのです（江草ら、一九七八）[4]。彼はルソー、ペスタロッチ、ロック、スペンサーたちから学び、なかでもルソーの自然教育論から多くを取り入れたのです。そして、家族主義（コテッジ・システム）と委託主義（里親制度、養育家庭制度）は、バーナード・ホームを参考にしました。

彼は家族主義をもとにしましたが、適当な女性職員が得られず、その体制は長く続きませんでした。石井の事業の良き理解者で、財政上の後援者でもあった大原孫三郎は、次のように石井の理想を記しています。

石井の理想とは、孤児院全体を「子供の村」とし、自分は「院長」ではなく、その「村長」となることであった。

その村に建つ家々には、「おかあさん」と呼ぶ保母を置く。子供たちも長幼同居し、兄弟姉妹の形をとる。

「おかあさん」は育児や掃除だけでなく、院で決めた十日分の献立表に従って、各戸の台所で食事をつくった。

このため、保母希望者の採用に当たっても、まず一か月間、千人近い子供の衣服の洗い張りや縫い直しを毎日やらせ、「おかあさん」ぶりに耐えられるか、その志の強さを試した上でのことにした。

（城山三郎『わしの眼は十年先が見える』[20]）

この石井の理想が実現することはありませんでしたが、彼の考えはＳＯＳ子どもの村の形態そのものであり、その類似点に驚きを覚えます。

石井が自らの事業を振り返って、「孤児院事業に於ける最大困難は、金の乏しきに非ず、食物の足らざるに非ず。実に院役者殊に直接に彼等を養育するに適当なる人の得がたきに在り」と語ったことが留岡によって記されていますが（同志社大学編、一九七九）[2]、この点は今日でも重要な事柄なのです。

留岡幸助の家庭学校

非行青少年の感化事業として一八九九年に巣鴨家庭学校を創設した留岡幸助（一八六四―一九三四）は、一九〇四年に欧州視察へ行き、当時世界最高の感化院といわれていたドイツのヴィフェルンが創設したラオエス・ハオスを訪れ、ペスタロッチが創立した学校も訪問しています。なかでも留岡が影響を受けたヴィフェルンの教育方針は、農作業を中心として、家族主義、自治制、そして宗教教育を重視したものでした（同志社大学編、一九八〇）[3]。

彼の基本理念は「家庭にして学校、学校にして家庭」という家庭学校で、一人ひとりの非行少年と日々向き合うなかで教育しようというものでした。「感化院」という名称をやめて、「家庭学校」としたのもそのためなのです。家庭学校の塀のない敷地は近隣住民の憩いの場所であり、現在の北海道家庭学校は公園のようです。また、家族制度を採用し、家庭舎は教師夫婦によって運営され、それぞれが十～十五人の青少年たちの父母代わりとして生活全般の指導に当たったのです。そして、この形態が、今日児童自立支援施設（以前は教護院という名称）で夫婦小舎制として存続しています。

留岡によれば、豊かな自然環境のなかで、規律ある愛情に満ちた家庭をつくり、そこでの教育が大切であり、各種の労働に従事させるのが最も効果があるというのです。その考えは、ルソー、ペスタロッチ、フレーベルらの、家庭を第一と考える教育思想の影響を受けていました。そして家庭学校には、洗濯、木工、農業、園芸の四つの作業部を置き、少年たちを労働につかせたのです。その事業の成果を見ると、家庭学校から巣立った三百六十一人のうち、約六割にあたる二百十四人が何らかの職業に従事して社会的に自立したのでした（土井、一九七四[1]）。

留岡は自らの事業を振り返って、「実に慈善事業の成功するとせざるとは、院長其人を得るを得ざるとにもあるが、最も大切なることは、適当なる院役者（教師、保母、事務員）を得るを得ざることである。適当なる院長を得ても、適任の教職員を得るにあらざれば、孤児教養事業は決して成功しない」（同志社大学編、一九七九[2]）と、石井と同様に職員確保の重要性に触れています。そして彼は、実際に慈善事業師範部という職員養成機関をわが国で最初に作りました。しかしながら、現実には適任者がなかなか得られず、理想にはほど遠いものに終わったのです。

糸賀一雄の「この子らを世の光に」

第二次世界大戦後、日本の社会福祉を強力に推し進めていったのは連合国軍総司令部ＧＨＱでした。それにより、近代化の道を歩んだのですが、その一方で、実際に指導にあたったＧＨＱの職員は児童福祉の専門家とは限らず、日本の文化・風土を考慮しませんでした。その指導に疑問を抱く日本の社会事業家の一人であった滋賀県の糸賀一雄（一九一四－一九六八）は、GHQの圧力に最後まで屈服せず、戦災孤児と知的障害児を合同で養育する施設、近江学園を設立したのです（若城、一九八四）[23]。その後、糸賀は知的障害児・者を中心にした事業を展開して、重症心身障害児施設も設立していきましたが、彼の考えの根底には、福祉対象者を分類して収容する思いはなく、すべての子どもたちにはそれぞれ光輝く個性と能力があるのだから、いよいよ磨きをかけて輝かそうという「この子らを世の光に」のスローガンの下に事業を展開していったのです（糸賀、一九六八）[8]。そして、障害をもっている子どもたちの人格発達の権利を保障するために、施設養護は家庭に代わる機能を果たすだけではなく、治療的な機能も求められ、親代わりの職員と子どもとの人間関係のなかで培われていく人格形成の場であり、社会性を身につける教育の場だととらえたのでした。

今日彼の理念の一つは、協力者田村一二《いちじ》が実現した福祉組織「茗荷《みょうが》村」として、展開し続けています（田村、一九八四）[22]。茗荷村の住民は、知的障害者が中心を占めていますが、親から虐待を受けて里子委託されている子どもたちもいるのです。そうしたグループ・ホームの一つでは、茗荷村の夫婦職員が、夫婦の実父二人、実子二人、知的障害者四人のなかに、被虐待児二人の、老若男女合わせて十二人が生活しています。糸賀や田村の思想は、福祉対象者を施設に入れるのではなく、あくまでも地域社会のなかで普通の家庭生活を送ることを目標にしていたのです。

糸賀は講演のなかで、「根源的なものは情緒的な安定なんです。心が落ち着くということです。家庭の機能というものは、子どもにとって安定した環境だということなんです。それが安定していない、情緒が不安定になるという状態におかれているのを情緒に欠けておるというんです」と述べて、子どもという生命体の安全と情緒の安定をもたらす家庭環境の重要性を主張したのです（糸賀、一九七二）[9]。

2 普遍的な養育の場としての家庭

以上のように、児童福祉の歴史をひも解いてみると、家庭養育を基盤としたあり方が歴然として存在したことがわかります。今日の福祉用語に対応させると、永続的な愛着対象を保障し（パーマネンシー・プラン）、家庭環境の下で、幸福、愛情、理解ある大人に育まれ、健全に発達していく（国連の児童の権利条約）ために、できるだけ普通で自然な社会的養護の場（ノーマライゼーション）を地域社会のなかに設置する（ソーシャル・インクルージョン）ことと表わせますが、この当たり前で普通のことを実践するのが実は非常に困難なのです。多くの社会福祉実践家が挑戦しては失敗するか、持続できずに終わっています。家庭養育を推進するためには、「家庭」について整理する必要があるのです。

A 家庭の形態と機能

まず、子どもが生活し成長していく場としての家庭について考察する際に、形態面と機能面を区別します。「はじめに」の表1（viii頁参照）に示しているように、生物的関係をもち、血のつながりがある両親と数人の子どもから構成された望ましい形態の家庭であっても、子どもの養育に必要不可欠な心理・社会的関係を満足していなければ、機能的には健全な家庭とはいえません。逆に、家庭外養育の場である施設だとしても、安定した愛着関係を保障した専門的なケアを行なえば、機能不全に陥っている実の家庭以上に子どもの発達を保障する養育を行なうことも可能です。養育の場が家庭か施設かといった問題よりも、子どもの発達を保障するか否かが問われるのです。そこでは、子どもの発達に必要な養育環境や養育者のあり方という「養育の場の機能」が重要なのであって、血縁があるかないか、父母共に存在しているか否かといった「養育の場の形態」は本質的ではないのです。実の家族と離れて暮らさざるをえない児童施設での生活は、こうした多様な養育環境の一つであり、十分な機能があれば、施設自体は何ら問題がないはずです。これまで乳児院や児童養護施設で成長した子どもたちに発達の遅れや社会性の歪みが見られたのは、施設の最低基準が低く設定されていて、職員が少なく十分な養育ができないことをはじめとする養育の機能が不十分だったため、授抱やコミュニケーションが疎かにされたからにほかなりません。その証拠に、第3章で取り上げた実践に示されたように、養育水準を高めて特定の養育者との愛着を重視し、子ども一人ひとりの要求に応じられる体制に改善していけば、家庭児と同等な発達が認められたのです。第5章で論じたように、すべての子どもの発達保障には、哺乳類としての授乳、霊長類としての授抱、そして人類の高度なコミュニケーション機能を踏まえた養育が必要なのです。

一九〇九年に開催されたアメリカの第一回全米児童福祉会議で、「家庭生活は、文明の最高にして最もすばらしい所産である。緊急止むを得ない理由でないかぎり、子どもから家庭を奪ってはならない。両親の死亡あるいは止むを得ない事情で子どもが家庭生活を続けることができなくなる場合には、子どもの実の家庭に最も似た環境で育てられるべきである」と宣言されました。私の立場からすると、この宣言のなかで「家庭に最も似た環境」を形態面でとらえてはいけないということです。虐待家庭から保護された子どもの場合、実の家庭に最も似た環境として、両親がそろっている他の家庭にゆだねられたとしても、そこで再び不適切な養育がなされては元も子もないわけです。

また世界各国には、人種・部族によってさまざまな家庭があります。形態面は多様なのです。しかし、共通する点として、一人か複数の特定の大人が子どもの養育を行なっていますから、永続的な愛着対象となる一人以上の大人を保障することが、機能面で実の家庭に最も似た環境といえるでしょう。その大人は、夫婦であったり、片親ということもあるでしょう。また、場合によっては両親以外の家族、さらには血縁関係のない家族外の人びとも含まれるのです。

保護を要する子どもの生命を守り生命を育むために不可欠なのは、実の母親に限定しないけれども、一人以上の特定の養育者の存在です。産みの親がその能力に欠ける場合、非血縁関係の育ての親が養育します。その際、血のつながりはなくても、心のつながり（愛着）があれば、実親と同様の養育機能を果たせるのは、ホスピタリズム研究に端を発し、ボウルビィが提唱した愛着理論を初めとした今日の諸理論でも示されていますし、そうした理論に基づいた多くの児童福祉現場での実践によって確かめられています。

親子・血族という家族レベルの血縁ではなく、人類ホモ・サピエンスという種レベルの血縁という観点に立てば、人間の子どもが健全に育つ場は、血縁関係の人びとからなる家庭であるとは限りません。たとえ、血のつながりがなくとも、人類同士のつながりによって、実の家族と同様の機能を果たせます。養育機能の観点からみれば、施設であっても安心して落ち着いて生活できる場所で、親代わりの職員が子どもと密接で継続した人間関係を形成して、長年共に生活を送り、子どもの全面発達を保障していく条件が整っていれば、りっぱな家庭なのです。その際、血縁関係のある成員から成り立っている一般の家庭を生物的家庭（Biological family）として、里親や施設は非血縁関係ながらも社会的につながっている社会的家庭（Social family）・心理的家庭（Psychological family）と呼ぶことができます。そして、養育に携わる里親や職員は、社会的親（Social parent）・心理的親（Psychological parent）で、共に暮らす子どもたちは、社会的兄弟（Social siblings）・心理的兄弟（Psychological siblings）なのです。さらに、生物的親（Biological parent）と社会的親が協力して養育に携わる可能性もあります。

何よりも、新たな家庭は血縁関係にない男女から始まることを忘れてはいけません。

B　開かれていく人間関係

さて、乳幼児期に築かれた、特定の養育者との愛着を基盤として、ほかの家族・友人・恋人・配偶者とのさまざまな人間関係が形成されますが、それらの関係性に基づいて、はじめて正常に進行する機能があります。種の維持・次世代育成がそれです。子どもを産み育てるためには、異なる性（夫と妻）と、異なる年齢（親と子）の家族成員間での継続的関わりが不可欠になります。したがって、異質な他者と長期間関わる社会的能力を習得していなければ、次世代を産み育てることは困難になるのです。

子孫を産み育てる能力、つまり次世代育成能力を視野に入れて子どもと養育者との愛着を考えると、ウィニコット（Winnicott, D. W.）の「ほど良い母親」（good enough mother）の概念が参考となります。彼によれば、養育を十分に果たし、幼児が成長するにしたがい、徐々に関与の度合いを減じていける母親が望ましいというのです（Winnicott, 1965）[24]。また、モリス（Morris, D.）は、母親に対して乳児は「しっかり抱いて」、幼児は「下に降ろして」、そして青年は「一人にしておいて」と要求すると表現しました（Morris, 1971）[13]。つまり、親離れ・子離れを前提とした関係性があり、それが次世代を育成する能力の形成に際して、とても重要となります。

さて、愛着（attachment）の用語には、結合・絆といった親和的要素を強調する側面がついてまわっています。もともと、英語の attach はフランス語では attaché（アタッシュ）です。アタッシュとは、二つのものを結びつける金具を意味していますから、そうした金具が備わっているケースをアタッシュケースというのです。この言葉からわかるように、愛着という用語自体が結合的要素しか持ち合わせていません。そのため、これまでは子どもが親から自立する過程を正しく示すことができませんでした。子どもの対人発達には愛着要素に加えて、デタッチメント、つまり自立・分離の要素が同時に含まれているため、アタッチメントとデタッチメントの両方を包含する視点が求められるのです（根ケ山、一九九五）[16]。つまり、養育者から分離・自立すると同時に、その後関わる人びと（他の家族・友人・恋人・配偶者・子ども）と新たな絆を形成していく視点を忘れてはいけません。その観点に立って、第5章で私は愛着を超えた関係性である、「開かれた対人系」を提唱したのでした。

乳幼児期には特定の養育者が存在しなくてはなりません。それは、世界に開かれる第一歩が養育者を通してなされるからです。一般的には母親に対して形成される具体的な人のイメージを通して、人類全般を認識する原型ができあがります。と同時に、その後確固たる人類のイメージを確立するためには、家族・仲間・異性などのさまざまな他者との関わりが必要となります。こうして、主たる養育者という一個人との間から始まる開かれた対人系は、全人類へと広がっていくのです。その過程で、次世代を産み育成する能力が発達、成熟していき、今度は親となり、養育者として関係性の一翼を担い、わが子の養育に携わるのです。

3　環境に包まれて育つ子どもの生命

本書で何度も述べてきましたように、子どもの精神衛生と発達の基本は、子どもと特定の養育者（産みの母親に限らず育てる大人）との心理的な絆、ボウルビィのいう愛着の保障です。同時に、大人と子ども間だけでなく、子ども同士の人間関係や近隣の人間関係も必要となっていきます。そうした複数の人間関係を保障する環境も含むのが家庭なのです。子どもは親だけが育てるわけではありません。発達につれて、親以外のさまざまな人びととの関わりによってはじめて、人として成長できるのです。この点に関して、金子 保（一九九四）[11]は、「乳児にとって、母親とのアタッチメントの形成が達成されれば、それですべてなのではない。母親との愛情による人間的な関係が形成され、つぎに父親を始めとする家族の各人との間にも、さらに進んで親戚・友人や近隣社会の人々との間にも人間的交流を作ることが欠かせないわけである」と主張しています。

ここで主張するのは、「開かれた家庭」です。いくら親子の愛着関係が重要だといっても、閉ざされた親子関係では弊害が生じます。発達していく子どもにとっては、親子以外の関係性が存在しないといけません。そのためには、幼少期では養育者が保護し、子どもの生命や安全を守るために外部と隔たった壁をもつ家が必要となりますが、成長に伴う生活範囲の拡大、すなわち養育者から離れて一人で活動したり、家族内外のさまざまな人と関わるようになり、生活範囲が家庭内だけから家庭外へと広がっていくことも考慮しなければならないのです。こうした発達的変化に伴う生活環境の変容を考慮すると、家庭はそれ自体完結していて、かつ外に向かって開かれている必要性があります。その際、庭を介して、近隣の家庭や地域へ開かれるのです。「家庭」という熟語が、「家」と「庭」という漢字で構成されているのは、この完結性と開放性を意味しているのではないでしょうか。つまり、家によって幼い子どもを外敵から保護すると共に、隣の家につながっていく庭の存在は、子どもたちの生活環境の広がりのためには重要です。そして、庭は子どもたちの遊び場やさまざまな人と触れ合う場となり、洗濯物干しなどの生活の場でもあり、野菜や果樹を栽培する生産の場ともなります。

こうしてみると、ＳＯＳ子どもの村に見られるように、数人の子どもたちが養育者と共に生活を送る一戸建ての家が集まった村の存在意義が浮かび上がってくるでしょう。長期間にわたる発達の場を保障するためには、家庭という生活単位を基本として、同時にそれを包括する生活共同体、すなわち村の存在が欠かせないのです。そこでは、家庭のなかで父母や異年齢の兄弟姉妹関係が確保され、同年齢や異年齢の他家の子どもとの触れ合いができます。と同時に、村という生活共同体のなかで、隣近所の住人、家並み、道路、その他すべてが子どもたちを温かく包んでいます。そのなかで、子どもの生活の場は屋内から庭へ、隣近所から村内、さらに学校へと広がっていきますが、こうした生活環境の広がりをすべて含むのが村なのです。人という漢字が表わしているように、人は一人では生きられず、常にお互いが支え合って生を営んでいます。成長して自立したといっても、一人だけで生きるわけではありません。三十歳になっても四十歳になっても、頼れる存在や帰省できる故郷が必要なのです。

ところで、被虐待児をはじめ、心を病んでいる子どもたちが生活を送る情緒障害児短期治療施設のスローガンは総合環境療法です（全国情緒障害児短期治療施設協議会、二〇〇二）[25]。つまり、情緒的に問題を抱えた子どもの治療には、施設全体の環境が療法の効果をもつように考えられないといけないのです。もちろん、専門的な心理治療は必要ですが、それだけではなく、子どもと関わる職員や施設の建物や設備という生活環境全体を心理治療に活用していくのです。もともと環境療法は、アメリカで養護施設などの子どものための施設が心理療法的な機能を取り入れて発展してくる過程で生まれたもので（西澤、一九九七)[17]、里親家庭にも適用できます。

かつて糸賀一雄は、一九六八年の最後の講演で、養育の基本を次のように表現しました。

子どもたちを引き受けるからには、その心を安らかにしてゆく、そのために環境の整備をするということが大切なんです。環境には物的環境と人的環境があります。庭を美しくして花を咲かせることもいいでしょう。そして、先生との関係、子ども同士の関係、先生同士の関係といったような、人間関係が子どもの環境であります。その人間関係というものをどのように調整してゆくか、どのようなものにわれわれが責任をもって育てていくかということが、今日の主題となる「施設における人間関係」ということになるわけでございます。その大前提をお話したわけなんです。その上にすべての花が咲くのです。

（糸賀一雄『愛と共感の教育』[9]）

そこには、環境に抱かれて育つ子どもという観点が存在します。環境が人間存在を包み込むものととらえる視点は、かつて東洋では当たり前のこととして、そして西洋においても、たとえばスペインの思想家オルテガ・イ・ガセットは「私とは、私と私の環境である。私がもし私の環境を救わなければ、私自身を救わないことになる」と一九一四年の著書で述べています（中村、一九九五)[15]。それゆえに、環境破壊は人間破壊であり、人間性を育てるには、豊かな環境が不可欠なのです。特に、親からの虐待によって人間性を破壊されてきた子どもにとってはなおさら、良好な人間環境、生活環境、そして自然環境が求められるのです。それも二十年以上保ち続けなければなりません。乳幼児期の愛着を保障するだけではだめで、生涯にわたる一人の人間の発達を見据えて、養育環境を考えないといけません。

さらには、血縁や家制度の囚われから解き放たれないとならないのです。血縁や家制度の弊害を把握したうえで、家族一人ひとりの幸福をもたらす方向に、さまざまな社会的援助を施さなければなりません。家族の誰かを犠牲にしたうえで成り立っている家や、血のつながっている家族を傷つけ苦しめるだけの関係性を明確に否定しなければなりません。そのうえで、心のつながりを尊重し、皆が安心して幸福に過ごせる家庭を、すべての子どものために創り上げるのです。

文献

第1章

(1) 藤岡淳子『非行少年の加害と被害——非行心理臨床の現場から』誠信書房、二〇〇一年。
(2) 藤岡淳子・相澤孝子・松田美智子・一場順子「非行の背景としての虐待について考える（分科会報告）」『子どもの虐待とネグレクト』五、二〇〇三年、五六－六七頁。
(3) 古谷悦美・馬場美子・納谷保子・西田　勝「虐待による頭部外傷児の予後および退院時処遇についての検討」『小児保健研究』五九、二〇〇〇年、九六－一〇一頁。
(4) 穂積　純『甦える魂——性暴力の後遺症を生きぬいて——なぜ生きるのがつらいのか、人にとっての子供時代とは』高文研、一九九四年。
(5) 金子龍太郎「〈開かれた対人系〉として見る生涯発達——児童福祉施設出身者の半生から虐待の世代間連鎖を防ぐモデルを見出す」『龍谷大学国際社会文化研究所紀要』四、二〇〇二年、一八五－一九九頁。
(6) 河合隼雄「神話・昔話にみる子ども虐待」『子どもの虐待とネグレクト』五、二〇〇三年、三二〇－三二三頁。
(7) Kiser, R. D. (2001) *Orphan : Adams Media Corporations.* カイザー『「親に見捨てられた子」の手記』高橋朋子訳、花風社、二〇〇一年、一六頁）。
(8) 村本邦子「チャイルド・セクシャル・アビュースに関する実態調査報告」『日本人間性心理学会　第十二回大会発表論文集』一九九三年、五八－五九頁。
(9) 樂木章子「乳児院の集団的・組織的特徴と乳児の発達」『実験社会心理学研究』四二、二〇〇二年、一二三－

三九頁。
（10）相模あゆみ・小林　登・谷村雅子「児童虐待による死亡の実態——平成十二年度児童虐待全国実態調査より」『子どもの虐待とネグレクト』五、二〇〇三年、一四一－一四九頁。
（11）斎藤　学・中村俊規・沼田真一「近親姦虐待と成人期精神障害」『子どもの虐待とネグレクト』五、二〇〇三年、三三〇－三四一頁。
（12）吉川英治『宮本武蔵』第一巻、講談社文庫、講談社、一九七一年。

第2章

（1）Ainsworth, M. D., Blehar, M. C., Waters, E., & Wall, S. (1978) *Patterns of Attachment : a psychological study of the strange situation.* New Jersey : Lawrence Erlbaum.
（2）American Psychiatric Association. (2000) *Quick Reference to the Diagnostic Criteria from DSM-IV-TR.* American Psychiatric Association.（アメリカ精神医学会編『DSM－Ⅳ－TR 精神疾患の分類と診断の手引』高橋三郎・大野　裕・染矢俊幸訳、医学書院、二〇〇二年）。
（3）Bower, T. G. R. (1977) *A Primer of Infant Development.* Sanfrancisco : Freeman.（バウアー『乳児期——可能性を生きる』岡本夏木ほか共訳、ミネルヴァ書房、一九八〇年）。
（4）Bowlby, J. (1951) *Maternal Care and Mental Health.* Geneva : W. H. O.（ボウルビィ『乳幼児の精神衛生』黒田実郎訳、岩崎書店、一九六七年）。
（5）Bowlby, J. (1969) *Attachment and Loss vol. 1: Attachment.* London : Hogarth Press.（ボウルビィ『愛着行動　母子関係の理論Ⅰ』黒田実郎・岡田洋子・吉田恒子訳、岩崎学術出版社、一九七六年）。
（6）Bowlby, J. A. (1988) *Secure Base : Clinical Applications of Attachment Theory.* London : Tavistock/Routledge.（ボウルビィ『母と子のアタッチメント——心の安全基地』二木　武監訳・庄司順一ほか訳、医歯薬出版、一九九三年）。

(7) Chapin, H. D. (1908) A plan of dealing with atrophic infants and children. *The Archives of Pediatrics*, 25, 491–496.
(8) Dunn, J. (1993) *Young Children's Close Relationships : Beyond Attachment*. Sage.
(9) Egeland, B., Jacobvitz, D., & Sroufe, L.A. (1988) Breaking the cycle of abuse. *Child Development*, 59, 1080–1088.
(10) 藤森和美『子どものトラウマと心のケア』誠信書房、一九九九年。
(11) 藤岡淳子『非行少年の加害と被害――非行心理臨床の現場から』誠信書房、二〇〇一年。
(12) Harlow, H. F. (1971) *Learning to Love*. Albion Publishing.（ハーロー『愛のなりたち』浜田寿美男訳、ミネルヴァ書房、一九七八年）。
(13) Harlow, H. F., & Mears, C. (1979) *The Human Model: Primate Perspectives*. V. H. Winston & Sons.（ハーロー『ヒューマン・モデル――サルの学習と愛情』梶田正巳・酒井亮爾・中野靖彦訳、黎明書房、一九八五年）。
(14) Hodges, J., & Tizard, B. (1989a) IQ and behavioural adjustment of exinstitutional adolescent. *Journal of Child Psychology and Psychiatry*, 30, 53–75.
(15) Hodges, J., & Tizard, B. (1989b) Social and family relationships of exinstitutional adolescent. *Journal of Child Psychology and Psychiatry*, 30, 77–97.
(16) Holmes, J. (1993) *John Bowlby & attachment theory*. London : Routledge.（ホームズ『ボウルビィとアタッチメント理論』黒田実郎・黒田聖一訳、岩崎学術出版社、一九九六年）。
(17) Howe D. (1995) *Attachment theory for social work practice*. Macmillan.（ハウ『ソーシャルワーカーのためのアタッチメント理論――対人関係理解の「カギ」』平田美智子・向田久美子訳、筒井書房、二〇〇一年）。
(18) Hunter, R. S., & Kilstrom, N. (1979) Breaking the cycle in abusive families. *American Journal of Psychiatry*, 136, 1320–1323.
(19) 金子龍太郎『実践発達心理学――乳幼児施設をフィールドとして』金子書房、一九九六年。

(20) 金子龍太郎「〈開かれた対人系〉として見る生涯発達――児童福祉施設出身者の半生から虐待の世代間連鎖を防ぐモデルを見出す」『龍谷大学国際社会文化研究所紀要』四、二〇〇二年、一八五－一九九頁。
(21) 金子　保『ホスピタリズムの研究――乳児院保育における日本の実態と克服の歴史』川島書店、一九九四年。
(22) Kempe, C. H., Silverman, F. N., Steele, B. F., Droegmuller, W., & Silver, H. K. (1962) The battered-child syndorome. *Journal of the American Medical Association*, 181, 17–24.
(23) 小山武夫「乳児院保育上の困難」『小児保健研究』二、一九三四年、一－七頁。
(24) Lewis, M. (1979) *The social network : Toward a theory of social development*. The invited address at the 50th annual meeting of the eastern psychological association.（ルイス「社会的ネットワーク――社会的発達理論の建設に向かって」『サイコロジー』山田洋子訳、三四、一九八三年、一、六九－七三頁・二、六八－七二頁・三、六一－六七頁）。
(25) 西澤　哲『子どものトラウマ』講談社、一九九七年。
(26) 西澤　哲「虐待によるトラウマのプレイセラピー」『子ども虐待とネグレクト』五、二〇〇三年、一一一－一二〇頁。
(27) 大日向雅美『母性の研究――その形成と変容の過程――伝統的母性観への反証』川島書店、一九八八年。
(28) 大泉　溥「施設児童の〈発達障害〉研究の歴史的変遷――ホスピタリズム研究の成立過程をめぐって」『日本福祉大学研究紀要』二七、一九七五年、一五七－一九八頁。
(29) Peter, F. V. J. (1986) *What makes Boys Town so special*. Father Flanagan's Boy's Home.
(30) Rutter, M. (1972) *Maternal Deprivation Reassesed*. London: Penguin Books.（ラター『母親剥奪理論の功罪――マターナル・デプリベーションの再検討』北見芳雄・佐藤紀子・辻祥子訳、誠信書房、一九七九年）。
(31) Rutter, M., & Quinton, D. (1984) Long-time follow-up of women institutionalized in childhood : factors promoting good functioning in social life. *British Journal of Developmental Psychology*, 2, 191–204.
(32) Rutter, M., & Rutter, M. (1993) *Developing Minds : Challenge and Continuity Across the Life Span*.

Harmondsworth : Penguin Books.
(33) 斎藤　学・中村俊規・沼田真一「近親姦虐待と成人期精神障害」『子どもの虐待とネグレクト』五、二〇〇三年、三三〇－三四一頁。
(34) 渋沢栄一『雨夜譚――渋沢栄一自叙伝「抄」』(人間の記録第 四一巻)日本図書センター、一九九七年、二五五頁。
(35) Steele, B. F. (1986) Notes on the lasting effects of early child abuse throughout the life cycle. *Child Abuse and Neglect*, 10, 283–291.
(36) 杉山　茂「乳児院内哺育の基本的問題」『小児保健研究』八、一九四五年、一五七－一六一頁。
(37) Tizard, B., Cooperman, O., Joseph, A., & Tizard, J. (1972) Environmental effects on language development : A study of young children in long-stay residential nurseries *Child Development*, 43, 337–358.
(38) Tizard, B., & Rees, J. (1974) A comparison of the effects of adoption, restoration to the natural mother, and continued institutionalization on the cognitive development of four-year-old children. *Child Development*, 45, 92–99.
(39) Tizard, B., & Hodges, J. (1978) The effect of early institutional rearing on the development of eight-year-old children. *Journal of Child Psychology and Psychiatry*, 19, 99–118.
(40) 渡辺久子『母子臨床と世代間伝達』金剛出版、二〇〇〇年。

第3章

(1) Bowlby, J. (1951) *Maternal Care and Mental Health*. Geneva : W. H. O. (ボウルビィ『乳幼児の精神衛生』黒田実郎訳、岩崎書店、一九六七年)。
(2) Bowlby, J. (1953) *Child Care and the Growth of Love : based by permission of the World Health Organization on the report maternal care and mental health*. London : Penguin Books. p. 53.

（3）堀　文次「養護理論確立への試み（終稿）――ホスピタリスムスの解明と対策」『社会事業』三三、一九五〇年、一二－一九頁。
（4）金子龍太郎「乳児院・養護施設の養育環境改善に伴う発達指標の推移――ホスピタリズム解消をめざした実践研究」『発達心理学研究』四、一九九三年、一四五－一五三頁。
（5）金子龍太郎『実践発達心理学――乳幼児施設をフィールドとして』金子書房、一九九六年。
（6）Kaneko, R. (1997) The effects of an improved residential nursery on the development of young Japanese children. *Journal of Applied Developmental Psychology*, 18, 453–466.
（7）金子　保『ホスピタリズムの研究――乳児保育における日本の実態と克服の歴史』川島書店、一九九四年。
（8）三宅芳宏「児童養護施設からの提言」『子どもの虐待とネグレクト』四、二〇〇二年、二一七－二二五頁。
（9）西澤　哲『子どものトラウマ』講談社、一九九七年。
（10）鈴木祐子（主任研究員）「乳児院入所児童の愛着関係再形成のプロセスについて」『平成十三年度　児童環境づくり等総合調査研究事業報告書』二〇〇二年。
（11）社会福祉研究所『占領期における社会福祉に関する研究報告書』一九七八年。
（12）谷川貞夫「ホスピタリスムス研究（二）――その予防及び治療対策への考察」『社会事業』三七、一九五四年、一－六四頁。
（13）瓜巣憲三「養護の指導性と技術の問題」『社会事業』三三、一九五〇年、六－一八頁。

第4章

（1）阿部　律「施設収容児の結婚後における家族関係について」『小児の精神と神経』十四、一九七四年、一八－二九頁。
（2）Dunn, J. (1993) *Young Children's Close Relationships : Beyond Attachment*. California : Sage.
（3）福山さくら『虐待と尊厳――子ども時代の呪縛から自らを解き放つ人々』穂積　純編、高文研、二〇〇一年、一二一－一四三頁。
(4) 広島修道院『広島修道院百年史　補冊』一九九二年。
(5) 岩崎美枝子「里親／養子縁組の立場から」『日本子どもの虐待防止研究会　第九回学術集会抄録集、第六分科会　親子分離後のパーマネンシープラン』二〇〇三年、四六－四七頁。
(6) 金子龍太郎「〈開かれた対人系〉として見る生涯発達――乙羽信子と新藤兼人の自叙伝から人生モデルの構築を試みる」『人間性心理学研究』十七、一九九九年、一九八－二〇九頁。
(7) 金子龍太郎「〈開かれた対人系〉として見る生涯発達――児童福祉施設出身者の半生から虐待の世代間連鎖を防ぐモデルを見出す」『龍谷大学国際社会文化研究所紀要』四、二〇〇二年、一八五－一九九頁。
(8) 河合隼雄『家族関係を考える』講談社、一九八〇年。
(9) 草間吉夫「当事者から見た十の自立支援」許斐　有・望月　彰・野田正人・桐野由美子編『子どもの権利と社会的子育て』信山社、一九九五年、二〇一－二二一頁。
(10) 御園生直美「里親の親意識の形成過程」『白百合女子大学発達臨床センター紀要』五、二〇〇一年、三七－四七頁。
(11) 中村元『佛教語大辞典』東京書籍、一九七五年。
(12) 日本テレビ『知ってるつもり――乙羽信子』一九九五年十一月十九日放映。
(13) 乙羽信子述・江森陽弘編『どろんこ半生記』朝日新聞社、一九八一年。
(14) 樂木章子「施設で育てられた乳幼児との養子縁組を啓発する言説戦略――ある養親講座の事例研究」『実験社会心理学研究』四二、二〇〇三年、一四六－一六五頁。
(15) Rutter, M. & Rutter, M. (1993) *Developing Minds: Challenge and Continuity Across the Life Span.* Harmondsworth : Penguin Books.
(16) 庄司順一『フォスターケア――里親制度と里親養育』明石書店、二〇〇三年。
(17) 武井　優『子どもの心とどう向き合うか――アメリカの里親ドーン・イングリッシュの実践』徳間書店、

一九九七年、一一五－一一六頁。
(18) テレビ朝日『驚きももの木二〇世紀――女優乙羽信子』一九九五年四月十四日放映。

第5章

(1) Bertalanffy, L. v. (1949) *Das Biologische Weltbild I : Die Stellung des Lebens in Natur und Wissenschaft.* A. Francke AG. Verlag.（ベルタランフィ『生命――有機体論の考察』長野　敬・飯島衛訳、みすず書房、一九五四年）。
(2) Bertalanffy, L. v. (1968) *General System Theory : Foundations, Development, Applications.* George Braziller.（ベルタランフィ『一般システム理論――その基礎・発展・応用』長野　敬・太田邦昌訳、みすず書房、一九七三年）。
(3) Bowlby, J. (1988) *A Secure Base : Clinical Applications of Attachment Theory.* London: Tavistock/Routledge.（ボウルビィ『母と子のアタッチメント――心の安全基地』二木　武監訳・庄司順一ほか訳、医歯薬出版、一九九三年）。
(4) Egeland, B., Jacobvitz, D., & Sroufe, L. A. (1988) Breaking the cycle of abuse. *Child Development,* 59, 1080–1088.
(5) Erikson, E. H., Erikson, J. M. & Kivnick, H. Q. (1986) *Vital Involvement in Old Age.* New York : Norton.（エリクソン『老年期――生き生きしたかかわりあい』朝長正徳・朝長梨枝子訳、みすず書房、一九九〇年）。
(6) 藤森和美編『子どものトラウマと心のケア』誠信書房、一九九九年。
(7) 穂積　純『甦える魂――性暴力の後遺症を生きぬいて――なぜ生きるのがつらいのか、人にとって子供時代とは』高文研、一九九四年、二〇四－三四〇頁。
(8) Hunter, R. S., & Kilstrom, N. (1979) Breaking the cycle in abusive families. *American Journal of Psychiatry,* 136, 1320–1323.

(9) 池田由子「虐待を受けた子どもの経過と予後」『子どもの虐待とネグレクト』三、二〇〇一年、二六二―二七一頁。
(10) 石田勝正『抱かれる子どもはよい子に育つ――確かな「存在感」をはぐくむ愛の心理学』PHP研究所、一九九三年。
(11) 糸魚川直祐「動物の成長――比較研究の立場から」細谷 純・糸魚川直祐・鹿取廣人・柏木恵子・三宅和夫編『講座現代の心理学二――人の成長』小学館、一九八二年、五七―一四八頁。
(12) James, B. (ed.) (1994) *Handbook for Treatment of Attachment: Trauma Problems in Children.* Lexington Books.(ジェームズ『心的外傷を受けた子どもの治療――愛着を巡って』三輪田明美・高島克子・加藤節子訳、誠信書房、二〇〇三年)。
(13) 鎌田次郎「行動発達の生物学的基礎」荘厳舜哉・根ケ山光一編『行動の発達を科学する』福村出版、一九九〇年、二七―五二頁。
(14) 金子邦彦・津田一郎『複雑系のカオス的シナリオ』朝倉書店、一九九六年。
(15) 金子龍太郎「開放系と授抱性の概念による乳幼児理解と発達理解」『乳幼児教育学研究』三、一九九四年、三五―四四頁。
(16) 金子龍太郎『実践発達心理学――乳幼児施設をフィールドとして』金子書房、一九九六年。
(17) Kaneko, R. (1996) Ultradian rhythm and its individual differences in self-demand bottle feeding : Suggestions for feeding schedule in group infant care. *Research and Clinical Center for Child Development,* 19, 23-31.
(18) 金子龍太郎「〈開かれた対人系〉として見る生涯発達――乙羽信子と新藤兼人の自叙伝から人生モデルの構築を試みる」『人間性心理学研究』十七、一九九九年、一九八―二一〇九頁。
(19) 金子龍太郎「〈開かれた対人系〉として見る生涯発達――児童福祉施設出身者の半生から虐待の世代間連鎖を防ぐモデルを見出す」『龍谷大学国際社会文化研究所紀要』四、二〇〇二年、一八五―一九九頁。
(20) 金子龍太郎「被虐待児の発達障害を改善する施設の提言――臨床発達心理学と協働する臨床福祉学に向けて」

『龍谷大学社会学部紀要』二二、二〇〇三年、四一―四七頁。
(21) 河合隼雄「事例研究の意義」『臨床心理学』一、二〇〇一年、四―九頁。
(22) 小池通夫「子どもの虐待防止は、育児の原点中の原点〈母乳哺育〉にまで立ち戻って考えないと」『子どもの虐待とネグレクト』五、二〇〇三年、二九七―三〇〇頁。
(23) 倉橋惣三『育ての心 上』フレーベル館、一九七六年。
(24) Maslow, A. H. (1962) *Toward a psychology of being*. New York : Van Nostrand.（マスロー『完全なる人間』上田吉一訳、誠信書房、一九六四年）。
(25) 松沢哲郎「動物の発達と人間の発達」村井潤一責編『新・児童心理学講座一――子どもの発達の基本問題』金子書房、一九九〇年、九五―一三〇頁。
(26) 御園生直美「里親の親意識の形成過程」『白百合女子大学発達臨床センター紀要』五、二〇〇一年、三七―四七頁。
(27) 中村雄二郎『哲学の現在――生きること考えること』岩波書店、一九七七年。
(28) 中村雄二郎『臨床の知とは何か』岩波書店、一九九二年。
(29) 西澤 哲『子どものトラウマ』講談社、一九九七年。
(30) 西澤 哲『トラウマの臨床心理学』金剛出版、一九九九年。
(31) 西澤 哲「虐待によるトラウマのプレイセラピー」『子どもの虐待とネグレクト』五、二〇〇三年、一一―二〇頁。
(32) Prigogine, I. & Stengers, I. (1984) *Order Out of Chaos: Man's New Dialogue with Nature : La Nouvelle Alliance : Metamorphose de la Science*. New York: Bantam Books.（プリゴジン・スタンジェール『混沌からの秩序』伏見康治・伏見 譲・松枝秀明訳、みすず書房、一九八七年）。
(33) プリゴジン・I「生命論――自己組織化のパラダイム」日本総合研究所編『生命論パラダイムの時代』ダイヤモンド社、一九九三年、六七―一一〇頁。

(34) Raithel, M., & Wollensack, H. (1980) *Ehemalige Kinderdorfkinder Heute*. Sozialpädagogische Institut des Deutschen SOS-Kinderdorf e. v.
(35) Restak, R. M. (1986) *The Infant Mind*. Doubleday.（レスタック『乳児の脳とこころ』河内十郎・高城　薫訳、新曜社、一九八八年）。
(36) 斉藤和恵・吉川ゆき子・飯野孝一・前川喜平「三か月児への六か月間のタッチケア施行の効果――健常児の発達と母親の育児感情の変化」『小児保健研究』六一、二〇〇二年、二七一－二七九頁。
(37) 椎名篤子編『凍りついた瞳（め）が見つめるもの――被虐待児からのメッセージ』集英社、一九九五年、一六四－一六五頁。
(38) SOS-Kinderdorf Verlag (1988) *Hermann Gmeiner : Vater der SOS-Kinderdorfer*. SOS-Kinderdorf Verlag Innsbruck.
(39) Steele, B. F. (1986) Notes on the lasting effects of early child abuse throughout the life cycle. *Child Abuse and Neglect*, 10, 283－291.
(40) 十島雍蔵『家族システム援助論』ナカニシヤ出版、二〇〇一年。
(41) 渡辺久子『母子臨床と世代間伝達』金剛出版、二〇〇〇年。
(42) 渡辺　慧・渡辺ドロテア『時間と人間』中央公論社、一九七九年。
(43) Winnicott, D. (1965) *The Maturational Process and the Faciliating Environment*. London : Hogarth.
(44) やまだようこ「人生を物語ることの意味　ライフストーリーの心理学」やまだようこ編著『人生を物語る――生成のライフストーリー』ミネルヴァ書房、二〇〇〇年、一－三八頁。
(45) 山本高治郎『母乳』岩波書店、一九八三年。
(46) 吉永陽一郎「母親の育児不安軽減への有効性」『小児保健研究』六一、二〇〇二年、二六七－二七〇頁。

第6章

(1) Asperger, H., Lankers-Dunhofer, M., Morgenbesser, G., & Turnowsky, C. (1974) *10 Jahre Heilpädagogische Station der SOS-Kinderdörfer*. Innsbruck-München : Universitätsverlag Wagner Ges. M. B. H.

(2) Gmeiner, H. (1985) *Die SOS-Kinderdorfer*. Innsbruck : SOS-Kinderdorf Verlag.（グマイナー『SOSキンダードルフ』SOSキンダードルフ・ジャパン訳、SOSキンダードルフ・ジャパン、一九九〇年）。

(3) Hassenstein, B. (1987) *Verhaltensbiologie des Kindes*. Piper.

(4) Hilweg, W., & Posch, C. (1987) *SOS-Kinderdorf Statistik*. Sozialpädagogische Institut des Österreichischen Vereines SOS-Kinderdorf.

(5) Hörburger, F. (1967) *Geschichte der Erziehung und des Unterrichts*. Österreichischer Bundesverlag.

(6) 金子龍太郎『実践発達心理学――乳幼児施設をフィールドとして』金子書房、一九九六年。

(7) 三宅芳宏「児童養護施設からの提言」『子どもの虐待とネグレクト』四、二〇〇二年、二一七‐二二五頁。

(8) Raithel, M. & Wollensack, H. (1980) *Ehemalige Kinderdorfkinder Heute*. Sozialpädagogis-che Institut des Deutschen SOS-Kinderdorf e.v.

第7章

(1) 土井洋一「家庭学校研究ノート――巣鴨家庭学校を中心に」『社会事業研究』二、一九七四年、五一‐八四頁。

(2) 同志社大学編『留岡幸助著作集　第二巻』同朋社、一九七九年。

(3) 同志社大学編『留岡幸助著作集　第四巻』同朋社、一九八〇年。

(4) 江草安彦ほか「石井十次の孤児教育とその思想」『旭川荘研究年報』十、一九七八年、五七‐六七頁。

(5) エリス・I・G「オーストラリアにおける児童および家庭福祉サービスの変容（一）」『世界の児童と母性』十六、一九八四年、二八‐三二頁。

（6）Gmeiner, H. (1985) *Die SOS-Kinderdörfer.* SOS-Kinderdorf Verlag Innsbruck. （グマイナー『ＳＯＳキンダードルフ』ＳＯＳキンダードルフ・ジャパン訳、ＳＯＳキンダードルフ・ジャパン、一九九〇年）。
（7）Hörburger, F. (1967) *Geschichte der Erziehung und des Unterrichts.* Österreichischer Bundesverlag.
（8）糸賀一雄『福祉の思想』日本放送出版協会、一九六八年。
（9）糸賀一雄『愛と共感の教育』増補版、柏樹社、一九七二年、二五頁。
（10）金子龍太郎「児童福祉施設における家庭的養育の歴史的検討」『龍谷大学社会学部紀要』十六、二〇〇〇年、三五－四三頁。
（11）金子　保『ホスピタリズムの研究――乳児院保育における日本の実態と克服の歴史』川島書店、一九九四年。
（12）三笠乙彦「フレーベル〈人間の教育〉」藤永保・三笠乙彦編『人間の教育を考える――幼児の教育』講談社、一九八一年、六七－八九頁。
（13）Morris, D. (1971) *Intimate Behaviour.* Jonathan Cape.（モリス『ふれあい――愛のコミュニケーション』石川弘義訳、平凡社、一九七四年）。
（14）村井　実『いま、ペスタロッチを読む』玉川大学出版部、一九九〇年。
（15）中村雄二郎『二一世紀問題群――人類はどこへ行くのか』岩波書店、一九九五年。
（16）根ケ山光一「子育てと子別れ」根ケ山光一・鈴木晶夫編『子別れの心理学』福村出版、一九九五年、一一－三〇頁。
（17）西澤　哲『子どものトラウマ』講談社、一九九七年。
（18）ペスタロッチ・Y・H『シュタンツ便り――友人にあてたペスタロッチの手紙』長尾十三二訳、明治図書、一九八〇年。
（19）Peter, F. V. J. (1986) *What Makes Boys Town So Special.* Father Flanagans Boy's Home.
（20）城山三郎『わしの眼は十年先が見える――大原孫三郎の生涯』飛鳥新社、一九九四年、一一一－一一二頁。
（21）資生堂社会福祉事業団「社会的養護の今後のあり方に関する研究――調査研究編・提言編」一九八六年。

（22）田村一二『賢者モ来タリテ遊ブベシ――福祉の里茗荷村への道』日本放送出版協会、一九八四年。
（23）若城希伊子『日本人の福祉――〈やわらかな心〉を求めて』日本放送出版協会、一九八四年。
（24）Winnicott, D. W. (1965) *The Maturational Processes and the Facilitating Environment : studies in the theory of emotional development.* International University Press.
（25）全国情緒障害児短期治療施設協議会編『心をはぐくむⅢ――総合環境療法の臨床』全国情緒障害児短期治療施設協議会、二〇〇二年。

おわりに

施設を退職したのは、もう十二年前になります。それ以降、私は子ども虐待から目を背け続けてきました。施設職員として、ひどい仕打ちをする親と関わってきて、人間性の闇を見て人間不信に陥り、虐待問題に関わるのが嫌になってしまったのです。また、虐待の背景には、深い社会病理や家庭病理があり、その問題の大きさを知るにつけ、わが身の無力感が増すばかりになったのです。でも、年々ひどくなる子ども虐待の情報から逃れることはできません。気が進まないながらも、数年前から再び虐待問題に関わりはじめ、被虐待の当事者であるエドワードさんやドラゴンさんの手記を読み始めました。そこには私の想像を超えた悲惨な人生物語があり、こんなにも人は残酷な仕打ちをするものなのかと改めて暗澹たる気持ちになりましたが、同時に、それほど傷つけられても、人は回復できる可能性を秘めているのかという驚きも覚えたのです。

そうしたなか、三年前に私はうつ病になってしまいました。人生の目標を失い、自信をなくし、自らの存在意義も消失してしまいました。知力も気力も衰えて、見る世界はすべて灰色という、抑うつ状態に陥ったのです。しかしこのことにより、被虐待児の苦しみを少しだけ体験したのです。私の場合は、すでに成人で知識があり、早めの治療で中程度のうつ病にとどまったため、約二年間で回復できましたが、彼らは小さいときからずっと、ひどい抑うつ状態のなかで生きざるを得ず、適切な治療をしてもらえないまま、いつになったら良くなるかわからないという絶望のなかにいるわけです。今さらながら、被虐待児の苦悩の一端を知りました。

幸いにも私のうつ病は治り、知力や気力が甦り、再び虐待問題に取り組む意欲が沸いてきました。本を執筆しようという気になったのもその表われです。二〇〇三年の五月に、早稲田大学で若き心理学徒が集う「次世代研究会」に招かれて、私のこれまでの実践と理論的考察を踏まえて、SOS子どもの村の紹介をしたのです。そのときは、まだ自信がないままでしたが、私の志に若い人たちが共感してくれたことは、予想外の嬉しい出来事でした。その席に、誠信書房の編集部松山由理子さんが参加されていて、執筆の打診を受けて本を書き始めたのです。

思い起こせば、一九九四年にSOS子どもの村で二度目の滞在をして、広い庭園内で芝刈りの作業をしているときに、「あなたの天職は子どもの村の事業です」という啓示を受けました。つまり、生命を育てること、それも傷ついた生命の育成が私のライフ・ワークなのだと。二十年前に乳幼児ホームを創出する事業に加わって以来、私はさまざまな場所で生命体を育む場所を創り続けようとしてきました。その集大成が子どもの村なのだと認識しています。そこは、家庭で傷つけられてきた生命を育んでくれる場所だと直感したのです。

私は三年前から滋賀県の「びわこ文化公園」の一角を借りて、環境再生のボランティア活動を続けています。幹をへし折られた幼木や、日の射さない薄暗い森の中で、細い幹のまま大きくなれない木々を目にするたびに、親から暴力を振るわれたり、愛情をかけられることなく放置されている子どもたちを思い起こします。幹の傷を手当てしたり、日の射す土地へ移植する作業は、被虐待児への援助そのもののように思えるのです。また、毎週一回、大津市の小鳩乳児院にお邪魔して、授乳やオシメ換えなどのボランティア活動を続けています。私たちの想像を絶する悲惨な体験をしてきた、産まれて間もない生命に触れながら、この本の構想を練ってきました。

一人の子どもを愛するとはどういうことなのかと、自問しながらの執筆作業でした。愛は巷に氾濫していますが、中身の伴った愛は少ないようです。そして、言葉でのコミュニケーションが成り立たない幼子に対しては、言葉だけの愛は伝わりません。子どもに向かって、「愛しているよ」と言ったところで、何も響きません。子どもに対する愛は、行動で示さないといけないのです。それも、大人側からの一方的な愛ではだめなのです。子どもの側でも、「この人に大切にされている。いつも守られている」と感じないといけません。愛は双方向だからです。

私は、子どもへの I love you. を「あなたと生きたい」と翻訳します。子どもと生涯共に生きようと決心して、それを実行するのです。まず、子どもと生活を共にするなかで、授乳し、抱き上げ、会話を交わし、褒めたり叱ったりする営みから愛は始まります。そして、成長に応じて愛情表現も変化していき、子どもの自己主張や反抗を受け入れ、親の手元から巣立っていっても、わが子を見守り続けるという、永続的な関わりが愛なのです。自分の命ある限り、共に生きようという決心が、親の愛情の基盤であり、その思いが具体的な行動として表わされ、子どもに伝わることにより、愛が育っていくのではないでしょうか。それは、仕事を超えた生命の営みです。週実働四十時間では成り立たない、生命を育む生命の営みです。そして愛は、乳幼児期に形成される愛着を超えた関係性であり、血縁を超えた心のつながりです。

一人の子どもの生涯において、「どんなことがあっても自分を守ってくれる」一〇〇％の安心感と、「絶対自分を見捨てない」一〇〇％の信頼感を抱ける大人がいてはじめて、子どもの心に人間愛が育っていきます。九九％ではだめなのです。一％でも不安や不信があると、子どもの心は安心できませんし、基本的信頼感は育っていきません。

親からひどい虐待を受けてきて、産まれてこのかた、誰からも大切にされてこなかった子どもだからこそ、生活の場がどこであっても「あなたと生きたい」と心に誓い、実行する大人が何より必要とされるのです。血のつながりがあろうとなかろうと、子どもと生を共にする決心をして生涯実行し続ける人を私は「親」と呼びます。

私は、育ての親としての決心をＳＯＳ子どもの村の「おかあさん」に見出しました。そう心に決めた女性は、生涯結婚して、わが子を産み育てる機会を手放すことになるかもしれません。それでも、失うものより得るものが大きいからこそ、「おかあさん」の役割を喜んでまっとうできるのだと思います。そこで得られるものは、「おかあさん」の長年の営みによって、不可能だと考えられていた被虐待児たちの心身の修復がなされて、その子の生い立ちからは予想もつかない素晴らしい人生を自ら構築しているという、人間性の可能性を身近に見れる喜びであり、自分がその生命を育んだという、生命体としての幸福感なのです。

平成十六年十月

著者

著者紹介

金子龍太郎（かねこ　りゅうたろう）

1981年　広島大学大学院教育学研究科修士課程修了
1985年　社会福祉法人広島修道院児童指導員
1988年　社会福祉法人広島修道院乳幼児課課長
1992年　北陸学院短期大学保育科助教授
現　在　龍谷大学社会学部臨床福祉学科教授，博士（学術）
　　　　NPO法人「子どもの村を設立する会」代表
著　書『実践発達心理学——乳幼児施設をフィールドとして』
　　　　金子書房　1996

傷ついた生命《いのち》を育む
——虐待の連鎖を防ぐ新たな社会的養護

2004年12月1日　第1刷発行

著　者　金子龍太郎
発行者　柴田淑子
印刷者　井川高博

発行所　株式会社　誠信書房
〒112-0012　東京都文京区大塚3-20-6
電話　03（3946）5666
http://www.seishinshobo.co.jp/

末広印刷　協栄製本　落丁・落丁本はお取り替えいたします

ISBN 4-414-30327-3 C1011